JN412910

벤저민 프랭클린(Benjamin Franklin, 1706~1790)

벤저민 프랭클린은 1706년 1월 17일, 보스턴에서 17남매 중 열다섯째로 태어났다. 초등교육을 마치지 못한 채 열 살 무렵 학교를 그만두었다. 이후, 인쇄업을 하던 형의 가게에서 수습공으로 일하며 틈틈이 독학으로 지식을 쌓았다.

18세 무렵, 런던에서 인쇄와 출판 노하우를 익혔고, 1728년 필라델피아에서 인쇄소를 열었다. 신문사 '펜실베이니아 가제트'의 운영권을 인수해 지역 여론을 선도했다. 1732년부터 1757년까지 매년 《가난한 리처드의 달력(Poor Richard' Almanack)》을 발간하며 실용적 지혜를 담은 잠언으로 큰 사랑을 받았다.

그는 사회개혁가로서 미국 최초의 공공도서관과 시민 소방대 등을 세웠고, 펜실베이니아대학교의 발전에도 기여했다. 과학자로서 프랭클린 난로를 고안하고 번개 실험으로 피뢰침 원리를 규명하여 세계적인 명성을 얻었다.

1748년 인쇄업에서 은퇴한 그는 공직과 외교 무대에 진출하여 미국 독립의 핵심 인물이 되었다. '독립선언서' 작성에 참여하고, 주 프랑스 대사로 파견되어 파리조약을 체결하며 미국의 독립을 공식화했다. 이후 제헌회의에서 미국 헌법 초안에 서명하며 건국에 지대한 역할을 했고, 말년에는 노예제 폐지 운동에도 앞장섰다.

18세기 영미 문학을 대표하는 그의 《자서전》은 '미국식 자기계발서'라는 새로운 문학 장르의 출발점이 되었다. 국내에 출간된 《호루라기에 너무 큰돈을 쓰지 마라》(여린풀 펴냄)는 그의 인생철학을 정리한 책이다.

These Blessings, Reader, may Heav'n grant to thee.
독자 여러분, 하늘이 여러분에게 이 모든 축복을 내려주시기를.

B Franklen

나를 지키는 문장
100일 원문 필사

나를 지키는 문장
100일 원문 필사

벤저민 프랭클린이
25년간 모으고
다듬고 쓴, 인생 잠언집

벤저민 프랭클린 잠언 | 이혜진 옮김

For Age and Want, save
while you may; No morning
Sun lasts a whole Day.

늙고 없을 때를 대비해 할 수 있을 때 아껴 모으라.
아침 햇살은 하루 종일 비치지 않는다.

여린풀

※ 일러두기

1. 이 책은 벤저민 프랭클린이 1732년부터 25년 동안 매년 발간한 《가난한 리처드의 달력(Poor Richard's Alamack)》에 수록된 잠언들을 기반으로 합니다.

2. 피터 포퍼 프레스(Peter Pauper Press)에서 편집, 출간한 *Poor Richard's Almanack*을 번역 저본으로 삼았으며, 원문 대조는 미국 국립문서기록관리청(NARA) 산하 공식 아카이브 사이트인 'Founders Online'을 활용해 진행했습니다..

3. 본문에 실린 잠언 원문은 벤저민 프랭클린이 살았던 18세기의 영어로, 현재 원어민들에게는 고전적인 느낌을 줍니다.

4. 원문 번역은 이혜진 작가가, 원문에 대한 짧은 해설 작업(단어 풀이 포함)은 여린풀 편집부에서 진행했습니다.

5. 이 책 사용법: 하루에 잠언 한 구절씩, 원문과 번역문을 필사하고, 풀이글을 읽으면서 떠오르는 영감을 빈 노트에 함께 적어보세요. 잠언에 대한 자신만의 풀이와 적용점을 100일 동안 기록한다면, 이 책을 다 쓰고 덮을 때쯤이면 아마 내면이 더 단단하고 깊어진 자신을 발견하게 될 것입니다.

벤저민 프랭클린이 남긴,
나를 지켜주는 문장 100

벤저민 프랭클린(1706~1790)은 미국 건국의 아버지이자 정치가, 과학자, 발명가, 외교관 등으로 널리 알려져 있다. 하지만 그가 여전히 우리 삶에서 친근하게 느껴지는 건(100달러 지폐의 주인공이라는 사실은 차치하고) 그의 셀 수 없는 업적 중에서도 특히 삶의 지혜를 담은 잠언들 덕분이다.

그 지혜의 보고(寶庫)가 바로 《가난한 리처드의 달력(Poor Richard's Almanack)》이다. 프랭클린이 1732년부터 1757년까지 25년 동안 매년 발간한 이 작은 책자에는 달력, 날씨 정보, 유머, 요리 레시피, 과학 정보, 짧은 시, 그리고 무엇보다도 수많은 잠언(proverb)이 담겨 있었다.

물론 그가 엮은 잠언들 가운데 상당수는 이미 세상에 있던 지혜의 말들이었다. 그러나 프랭클린은 그것들을 한데 모아, 식민지 미국 사회의 평범한 사람들도 쉽게 접할 수 있는 실용적인 생활 안내서, 그리고 삶의 지혜를 일깨우는 교과서로 바꾸어 놓았다. 오늘날 우리가 흔히 사용하는 "일찍 자고 일찍 일어나라(Early to bed and early to rise)"라는 말조차도 이 책에 의해 유명해졌다.

《가난한 리처드의 달력》은 생활 지침서에만 머물지 않는다. 그 시리즈는 인간의 본성, 공동체의 윤리, 삶의 근본을 날카롭고도 유머러스하게 드러내는 한 시대의 문화적 자산이었다. 짧지만 정곡을 찌르는 문장들은 수백 년이 지난 지금까지도 여전히 유효하다. 인간의 본성이 변하지 않은 한, 프랭클린의 정성이 깃든 이 문장들은 오늘을 사는 우리에게도 여전히 삶의 나침반 역할을 해줄 것이다.

낯섦의 힘:
18세기 영어가 주는 영감

이 필사책은 프랭클린의 잠언을 18세기 영어 원문 그대로 담았다. 낯선 문체와 표현을 만나는 경험은 단순히 언어를 읽는 차원을 뛰어넘는다. 이는 우리가 익숙하다고 믿어온 세계를 낯설게 바라보는 일이다. 바로 그 낯섦이 사유를 깨우고, 오래된 문장에 새로운 빛을 비춘다.

예를 들어, 잠언 "Tricks and Treachery are the Practice of Fools, that have not Wit enough to be honest."를 보자. 오늘날 언어 감각으로 해석하면 "속임수와 배신은 정직할 만큼의 재치도 없는 바보들의 습관이다." 정도일 것이다.

그런데 옮겨놓고 보면 '재치'라는 번역어가 어딘가 어색하다. 실제로 18세기 영어에서 'wit'는 오늘날의 '재치'나 '유머'보다 '지혜', '분별력', '이해력'의 뜻이 중심이었다. 오늘날의 사전에도 여전히 'wit'의 의미 항목에 '이해력, 지성'의 뜻이 남아 있지만, 통용되는 기본 뉘앙스는 주로 '재치, 유머'의 의미다. 다시 말해, 그 시대의 'wit'는 '유머'보다 '이해력', '재치'보다 '지성'이 중심이었다.

이 차이를 인식하는 순간, 문장은 전혀 다르게 읽힌다. 잠언은 '정직'의 문제를 '도덕'을 넘어 '지성'의 영역으로까지 확장시킨 것이다. 속임수를 쓰는 이는 '악한 사람'이기 이전에 '지혜가 모자란 사람'이다. 단어 하나의 의미 중심이 달라졌을 뿐인데, 인간을 바라보는 관점 자체가 뒤바뀐다.

이처럼 낯선 언어는 익숙한 사고의 틀을 흔든다. 우리가 당연하게 여긴 단어와 문장을 새로운 감각으로 느끼게 하고, 그 과정에서 오래된 지혜는 다시 살아 숨 쉬게 된다. 특히 필사 작업은 그 낯섦을 손끝으로 새기며, 일상의 시선으로는 쉽게 닿지 않는 차원에서 영감을 선물한다.

필사(筆寫),
오래 머물며 깊이 성찰하게 하는 힘

손으로 쓰는 행위는 단순한 반복 학습이 아니다. 문장을 한 자한 자 따라 쓰는 동안, 독자는 글쓴이의 호흡을 몸으로 느끼게 된다. 그 리듬과 울림이 손끝을 통해 몸과 마음에 새겨진다. 눈으로만 읽을 때는 스쳐 지나가는 문장도, 직접 써 내려가면 오래 머물며 깊이 성찰하게 된다.

프랭클린의 잠언은 짧고 단순하다. 그러나 그 안에 담긴 의미는 깊다. 필사는 그 깊이를 음미할 수 있는 가장 좋은 방법이다. 또한 영어 원문과 그 번역문을 직접 따라 쓰고 곱씹으며 오늘의 삶에 비추어보는 경험은 다른 어떤 독서보다도 밀도 있는 성찰을 가능하게 해준다.

오늘날 우리는 시대의 불확실성 속에서 '자신을 지키는 법'을 끊임없이 묻게 된다. 물론 프랭클린의 잠언이 인생의 모든 질문에 답해주는 것은 아니다. 대신 짧고 단단한 문장으로, 우리가 잊고 있던 인생의 기본기를 다시 세워준다. 절제, 근면, 겸손, 성찰, 신뢰, 용기…, 이 모든 덕목은 오랜 세월이 흘러도 여전히 유효하다.

이 책에 실린 100개의 문장을 필사하는 동안, 우리는 그 문장이 담고 있는 지혜와 정직하게 마주하게 될 것이다. 그리고 어느 순간 깨닫게 될지 모른다, '아, 이 문장들이 지금 나를 지켜주고 있구나'라고 말이다.

차례

1장　묵은 달력을 떼어 내며

2장　인생은 오늘 위에 쌓인다

독자들께 이 일곱 가지 축복이 내리기를

독자 여러분, 하늘이 여러분에게 이 모든 축복을 내려주시기를.
변함없이 믿을 수 있는 친구, 사랑의 깊이가 서로 비슷한 벗,
저주를 알지 못하는 비옥한 땅,
아낌없이 베푸는 마음과 결코 마르지 않는 지갑,
미소 짓는 양심과 만족하는 마음,
절제된 지식과 참된 지혜의 어우러짐,
길되 아름다운 삶, 그리고 그 끝에는
두려움도 없고 애써 바라지도 않는 평온한 죽음이 있기를.*

벤저민 프랭클린은 독자들에게 일곱 가지 축복을 기원한다. 그는 단순한 덕담에 그치지 않고, 인생을 떠받치는 본질적인 선물에 대해 이야기한다.

첫째는 믿음직한 친구다. 서로 우정의 깊이가 비슷한 벗이야말로 인생에서 누릴 수 있는 가장 큰 행운이다. 마음이 한쪽에서만 흐르면 우정은 오래가지 못한다. 믿음과 균형 위에 세워진 우정이야말로 하늘이 내려주는 축복이다.

둘째는 비옥한 땅이다. 저주를 모르는 땅이란, 우리가 흘린 땀만큼 결실을 맺는 삶의 터전이다. 땅은 안정과 풍요의 상징이기에, 이 축복은 누구나 바라는 가장 기본적인 소망을 담고 있다.

셋째는 아낌없이 베푸는 마음과 결코 마르지 않는 지갑이다. 단순히 부유해지는 것보다 중요한 것은 나눌 줄 아는 마음이다. 지갑이 늘 채워진다는 것은 검소함과 절제, 그리고 행운이 어우러졌다는 의미일 테다.

넷째는 미소 짓는 양심과 만족하는 마음이다. 양심이 싫어할 일들로 자신의 삶을 채우고 그 무엇에도 만족을 모른다면 그 인생은 텅 비게 된다. 양심에 거리낌이 없고 마음이 만족할 때, 비로소 진정한 부요와 평안을 누리게 된다.

다섯째는 절제된 지식과 참된 지혜가 한데 어우러지는 일이다. 지식만 넘치면 교만에 빠지기 쉽다. 절제가 더해질 때 비로소 지식이 지혜와 조화를 이루어, 삶을 올바른 방향으로 이끌 수 있다.

여섯째는 아름답고 길게 이어지는 삶이다. 단순히 오래 사는 것이 아니라, 그 길을 '아름답게' 만드는 품격과 선함을 바라는 기원이다.

마지막 일곱째는 평온한 죽음이다. 두려움, 욕망, 원망, 집착 없이 순리에 따라 조용히 작별하는 것, 이것이야말로 인생의 마지막을 가장 아름답게 완성하는 축복이다.

프랭클린은 인생의 모든 순간을 꿰뚫는 이 일곱 가지 선물이야말로 진정한 축복이라 여긴다. 우정, 삶의 터전, 나눔, 양심, 지혜, 길되 아름다운 생, 그리고 평온한 이별. 결국 놀라운 기적이 아니라, 이 소중한 일곱 가지가 조화롭게 주어지는 게 진짜 축복이리라.

---

* 원문: These Blessings, Reader, may Heav'n grant to thee; / A faithful Friend, equal in Love's degree; / Land fruitful, never conscious of the Curse, / A liberal Heart and never-failing Purse; / A smiling Conscience, a contented mind; / A temp'rate Knowledge with true Wisdom join'd; / A life as long as fair, and when expir'd, / A kindly Death, unfear'd as undesir'd.

* 단어장: **heav'n**: heaven. 축약형 / **thee**: (목적격) you. 고어체 / **never conscious of the Curse**: 에덴의 저주(가시덤불, 땀 흘림)가 없는 비옥한 땅. 성경적 표현 / **never-failing Purse**: 마르지 않는 지갑 / **temp'rate**: temperate[témpərit](절제하는). 축약형 / **fair**: 고결한, 아름다운. 고전적 용법. 지금은 주로 '공정한', '상당한', '금발의' 정도의 의미로 주로 사용됨 / **expir'd**: expired(expire[ikspáiər] 숨이 끊어지다, 세상을 떠나다). 축약형 / **kindly**: 고통 없는, 순리적인, 평온한. 고전적 용법 / **unfear'd as undesir'd**: unfeared as undesired(두려움도 원함도 없는). 축약형

1장

묵은 달력을
떼어 내며

묵은 달력을 떼어 내며

With the old Almanack and the old Year, Leave thy old Vices, tho' ever so dear.

묵은 달력을 떼어 내고 묵은해를 보내며
그동안 끌어안고 있던 그대의 나쁜 습관도 함께 떠나보내라, 그게
아무리 아껴온 것이라 해도.

해가 바뀌면 우리는 자연스럽게 새로운 다짐을 하게 된다.

달력을 바꾸는 사소한 행동에서도 새 출발에 대한 기대가 스며 있다. 그러나 진정한 새해란, 나쁜 습관, 묵은 악덕과의 결별 위에서만 열린다. 그것들이 아무리 매력적이라 해도 말이다.

우리는 게으름은 '휴식'으로, 과소비는 '즐거움'으로, 허영은 '동기부여'로 포장해왔다. 하지만 그것들이 우리의 삶을 조용히 갉아먹고 있다는 사실은 새 달력의 첫 장만큼이나 명확하다.

나쁜 습관을 끊어내려면 결단이 필요하다. 그것들과 결별할 때 삶은 가벼워지고, 비로소 진짜 새해가 시작된다. 희망찬 다짐과 단호한 결별이 모두 필요한 순간, 바로 지금이 그때다. (물론, 새해에만 그럴 필요는 없다. 매달, 매주, 매일 결별해도 괜찮다.)

---

almanack: almanac[ɔ́ːlmənæ̀k](달력), 고어체 / **thy**[ðai]: your. 고어체 / **Vice**: 악덕, 나쁜 습관, 부도덕한 행위. 당시에 'vice'는 단순한 범죄뿐 아니라 습관적인 게으름, 탐욕, 과음, 방탕 같은 도덕적 결함 전반을 의미함 / **tho'**: though. 축약형 / **tho' ever so dear**: 아무리 소중할지라도, 애지중지할지라도

"내가 틀렸다!"

How few there are who have courage enough to own their Faults, or resolution enough to mend them!

얼마나 드문가! 자기 잘못을 인정하는 용기와 그것을 바로잡는 결단력이.

살아가면서 가장 힘든 일 중 하나는 "내가 틀렸다"고 인정하는 것 아닐까. 잘못을 인정한다는 것은, 자신의 자존심을 바닥으로 내동댕이치고 스스로를 벌거벗기는 듯한 수치심을 느껴야 한다는 뜻이다.

하지만 이 벌거벗음이야말로 새로운 성장을 가능케 하는 진정한 자유의 출발점임을 우리는 이미 안다.

잘못을 숨기면 당장은 위안이 되는 듯하다. 하지만 그 순간부터 우리의 내면은 쪼그라들기 시작한다. 잘못을 드러내고 고치려는 결단은 고통스럽지만, 결국 우리 삶을 맑게 하고 단단하게 세워준다.

잠언은 우리에게 속삭이는 듯하다. 작은 용기와 결단 하나가 그대의 삶을 자유롭게 한다고.

---

own: '소유하다' 외에도 '인정하다, 시인하다'라는 뜻으로도 쓰임 / **resolution**[rèzəlúːʃən]: 굳은 결심, 의지, 결단력. 여기서는 '해결책(solution)'이 아님 / **mend**: 고치다, 수리하다, 바로잡다

누가 속이는가?

Who has deceiv'd thee so oft as thy self?

그대 자신만큼 자주 그대를 속이는 자가 또 누구인가?

우리는 타인의 거짓말에는 쉽게 분노를 느낀다. 하지만 스스로에게 하는 거짓말에는 놀랄 만큼 관대하다. 때로는 스스로 속고 싶어 한다. 그 순간만큼은 편해지기 때문이다.

"조금만 더 여유가 생기면 시작하지", "이번은 괜찮아", "나는 그 정도는 아니야" 같은 자기 위안은 사실 가장 교묘하고 달콤한 거짓말이다.

그래서 자기기만은 우리의 가능성을 죽이는 가장 은밀한 독이다.

진정한 성찰은 거울을 나에게로 돌릴 때 시작된다. 나를 속이는 것은 타인이 아니라 나 자신임을 인정할 때 비로소 변화의 문이 열린다.

잠언은 묻는다. "그대는 지금 누구에게 속고 있는가?" 스스로 정직하다면 대답은 늘 자기 자신이다.

---

deceiv'd: deceived(deceive[disíːv] 속이다). 축약형 / **thee**[ðiː]: (목적격) you. 고어체 /
thy self: yourself. 고어체 / **oft**: often. 축약형

마음에 써야 할 한 문장

He that can compose himself, is wiser than he that composes books.

마음을 다스릴 줄 아는 사람이 책을 쓰는 사람보다 더 지혜롭다.

책을 많이 읽고, 글을 멋지게 쓰는 사람은 지식인이라 불린다. 그러나 정작 자기 마음 하나 다스리지 못한다면 그 지식은 비추지 않는 빛과 같다. 분노가 치밀 때도, 욕망이 솟구칠 때도 스스로를 다스릴 수 있다면, 그는 이미 가장 중요한 지혜를 얻은 사람이다.

지식은 삶을 꾸미는 장식일 수 있지만, 마음의 평정은 삶의 근본을 지켜주는 뿌리다.

결국 가장 큰 책은 세상에 외치는 화려한 문장이 아니라, 스스로의 마음에 새기는 한 줄의 소박한 평정일지 모른다.

He that~: The one who~ (또는) Whoever~ / **compose oneself**: 마음을 가다듬다, 감정을 다스리다, 침착함을 유지하다 / **compose books**: 책을 쓰다

There are no ugly Loves, nor handsome Prisons.

추한 사랑도 없고, 멋진 감옥도 없다.

사랑은 눈에 보이는 결점마저도 아름다움으로 바꿔버린다. 그래서 사랑은 늘 예쁘다. 결핍과 상처가 있어도, 사랑은 온전히 받아들인다. 사랑은 불완전함을 껴안고, 그 안에서 새로운 아름다움을 창조하는 힘이다.

감옥은 그 반대다. 아무리 겉모습을 치장해도, 구속이라는 본질은 바뀌지 않는다. 벽을 황금으로 도배하고, 창살을 화려하게 꾸며도 감옥은 감옥이다. 자유를 빼앗긴 자에게 아름다움은 껍데기에 불과하다.

잠언은 우리에게 이렇게 묻는 듯하다. "그대는 누군가의 사랑인가, 아니면 감옥인가?"

handsome: 여기서는 '잘 생긴'이 아닌 '보기 좋은, 근사해 보이는'의 의미

약을 적게 먹으려면

Eat few Suppers, and you'll need few Medicines.

저녁을 적게 먹어라. 약도 적게 먹게 될 것이다.

저녁을 적게 먹으면 약도 덜 먹게 된다.

이 짧은 잠언은 단순한 식습관의 조언을 넘어, 절제의 지혜를 말한다.

프랭클린은 18세기에 이미 과식이 모든 병의 근원임을 꿰뚫어보았다.

풍요로울수록 사람은 절제력을 잃기 쉽고, 그 대가는 결국 병치레와 수북한 약봉지로 돌아온다.

'적게 먹는다'는 건 단순히 음식량의 문제가 아니다. 그것은 욕망을 다스릴 줄 아는 능력, 즉 자기 통제의 문제다.

음식만이 아니다. 말(言), 소비, 관계에서도 절제는 언제나 건강함의 조건이 된다. 절제는 육체만이 아니라, 우리 마음을 지키고, 그 덕분에 우리 삶은 단단히 뿌리내리게 된다.

잠언은 화려하진 않지만, 단호하다. "절제야말로 최고의 약이다!"

---

supper[sʌ́pər]: 저녁 식사

인간적인, 신적인, 악마적인

To err is human, to repent divine, to persist devilish.

잘못을 범하는 것은 인간적이고, 잘못을 뉘우치는 것은 신(神)적이며, 잘못을 고집하는 것은 악마적이다.

우리는 불완전하기에 잘못을 저지른다. 하지만 그 불완전함은 성찰과 변화의 기회를 선사한다.

실수는 인간의 한계지만, 뉘우침은 인간이 신성을 닮아가는 순간이다.

문제는 고집스럽게 잘못을 반복하는 태도다. 그것은 인간적인 약점도, 신적인 회복력도 아닌, 스스로를 파괴하는 악마적인 완고함이다.

우리 인간에게 허용된 오류의 공간은 '반성과 성장'이지, 결코 '고집과 파괴'가 아니다.

---

err[əːr, ɛər]: 잘못하다, 방황하다 / **repent**[ripént]: 뉘우치다, 회개하다 / **divine**[diváin]: 신적인 (것) / **persist**[pəːrsíst]: 고집하다, 끝까지 계속하다 / **devilish**[dévliʃ]: 악마적인 (것)

9 Men in 10 are suicides.

열 명 중 아홉은 자멸한다.

우리는 흔히 불행을 외부 탓으로 돌린다. 하지만 잠언은 그 시선을 뒤집는다.

타인의 배신이나 운명의 가혹함보다 더 치명적인 건, 스스로 자신을 무너뜨리는 내면의 적들이다. 탐욕과 방종은 삶을 갉아먹고, 무책임한 태도는 서서히 미래를 파괴한다.

잠언은 인간의 가장 큰 적이 바로 자기 자신임을 일깨운다. 하지만 동시에 역설적 해법도 함께 들려준다.

자멸이 우리 손에서 비롯된다면, 구원 또한 우리 손에 달려 있다는 진실이다. 잠언은 '자멸(자살)'이라는 한 단어에 경고와 희망을 함께 담았다.

suicide[súːəsàid]: 자멸(자살)한 사람. 맥락적으로 '스스로를 죽이는 (혹은) 파괴하는 사람'의 의미로 쓰임

거절의 아름다움

Do me the Favour to deny me at once.

빨리 거절해주는 게 오히려 나를 돕는 것이다.

우리는 흔히 거절을 무례함으로, 승낙을 배려로 생각한다. 그러나 잠언은 그 반대를 이야기한다.

거절이 늦어질수록 기대가 길어지고, 기대가 길어진 만큼 실망도 깊어진다.

즉각적인 거절은 상대를 실망시키는 듯 보이지만, 사실은 서로의 시간과 존엄을 지켜주는 배려다. '거절'이라는 차가운 말이 오히려 관계를 따뜻하게 지켜주는 셈이다.

사랑이나 우정뿐만 아니라 일상적인 관계도 끝없는 양보가 아니라, 적절한 거리와 정직한 대답 위에 세워질 때 더 건강해진다.

때로는 즉각적인 "아니오"가 가장 따뜻한 "예"가 된다.

---

favour: (미국식) **favor**(호의, 친절, 부탁) / **do me the favour to~**: 나에게 호의를 베풀어 ~해 달라.
고전적 표현 / **deny me**: 여기서는 맥락상, '나의 부탁(요청, 제안 등)을 거절하다'의 의미

평온하게 살고 싶다면

He that would live in peace and at ease, Must not speak all he knows, nor judge all he sees.

평온하게 살고 싶다면,
아는 걸 다 떠벌리지도, 본 걸 다 판단하지도 마라.

잠언은 처세의 기술을 넘어 우리의 언행과 판단에 대한 성찰을 요구한다.
말을 다 쏟아내는 사람은 결국 자신을 소란 속에 몰아넣고, 본 것마다 다 판단하는 사람은 타인과 자신을 동시에 지치게 한다.
그러나 모든 걸 감추고 아무 판단도 하지 않는 삶은 무기력해진다.
사람과 세상은 늘 불완전하기에, 말해야 할 때와 침묵해야 할 때를, 그리고 판단해야 할 때와 넘어가야 할 때를 구별하는 지혜가 필요하다.
삶의 평온은 말과 침묵, 판단과 관용 사이의 균형에서 나온다. 이것이 곧 내적 자유와 외적 평화를 함께 지키는 길이다.

would: 원하다, 바라다(want, wish)

"내일은 다를 거야!"

너는 늘 외치지, "내일은 달라질 거야!"
그런데 그 '내일'은 어디 먼 나라에 있는 거야?
이렇게 오랜 세월 오지 않는 이유는 뭐야?
그 '내일'은 인도 너머 어딘가에 사는 거야?
너무 멀리서 끌어오는 것이어서, 그 '내일'이 도착할 때쯤이면
너는 이미 늙고, 너무 큰 대가를 치른 뒤일지도 몰라.

To-morrow you'll reform, you always cry;
In what far Country does this Morrow lie,
That 'tis so mighty long e're it arrive?
Beyond the Indies does this Morrow live?
'Tis so far-fetch'd, this Morrow, that I fear
'Twill be both very old, and very dear.

---

to-morrow: tomorrow. 고어체 / **cry**: 외치다, 떠벌리다. 고전적 용법. 지금은 '울다'가 주된 뜻임 / **'tis**[tiz], **'twill**[twil]: it is, it will. 축약형 / **mighty long**: 대단히, 엄청 / **e're**[eər]: ere(~하기 전에, ~까지, before, untill). 고어체, 축약형 / **Beyond the Indies**: 인도 너머. 당시 유럽인에게는 '아득히 먼 곳, 거의 닿을 수 없는 세계'를 의미했음 / **far-fetch'd**: far-fetched[fɑɚ-fɛtʃt](멀리서 끌어온, 억지로 가져온). 축약형 / **dear**: 여기서는 '값비싼'의 의미

우리는 늘 '내일부터 달라지겠다!' 다짐하지만, 그 '내일'은 결코 오지 않는다. 게으름과 자기 합리화가 '내일'을 먼 나라로 내쫓아버린 듯, 실제 변화는 계속 미뤄진다. 결국 내일은 '인도 너머' 어디에도 없는 신기루가 되어, 도착했을 땐 이미 너무 늦었고 값비싼 대가를 치른 뒤다.

변화는 언제나 '오늘'에서 시작한다. 지금 고치지 않으면 내일도, 내년에도, 죽는 순간까지도 고치지 못한다. 나를 변화시키는 것은 다짐이 아니라 실행이다.

프랭클린은 이 시를 통해 인간의 나태함과 자기 합리화를 꼬집으며, 동시에 오늘의 작은 행동이야말로 진정한 변화의 시작임을 강조한다.

내일이 마치 애타는 구원자처럼 우리를 기다려줄 거라는 생각은 착각이다. 내일은 누구도 기다려주지 않는다. 시간은 우리가 붙잡지 않는 순간 흘러가고, 남는 것은 '아직 시작하지 못한 나'뿐이다.

오늘 시작해야 한다. 내일이 아닌 오늘이, 인생을 바꿀 수 있는 유일한 타이밍이다.

2장

인생은
오늘 위에 쌓인다

Avarice and Happiness never saw each other, how then shou'd they become acquainted?

탐욕과 행복은 서로를 본 적이 없다. 그런데 어떻게 친해질 수 있겠는가?

탐욕은 늘 결핍의 언어를 사용한다. 가진 것이 많아도 여전히 부족하다는 생각에 사로잡히면, 삶은 언제나 불안하다. 반면 행복은 지금 가진 것에 감사할 때 생긴다. 탐욕과 행복이 서로를 본 적이 없는 이유다.

탐욕은 늘 화려한 모습으로 포장된다. 더 큰 집, 더 비싼 차, 더 높은 지위를 좇는 열망은, 그래서 성공의 동력처럼 보이기도 한다. 하지만 그 끝에는 늘 공허함이 기다리고 있다. 탐욕이 만족을 허락하지 않기 때문이다.

잠언은 말한다. 행복을 만나고 싶다면 탐욕을 내려놓아야 한다고. 행복은 결핍의 그림자가 아니라, 만족의 빛 속에서만 자라난다고.

---

avarice[ǽvəris]: 탐욕 / **shou'd**: should. 축약형: 당시에는 'should'가 가능성·추측을 나타내는 데도 쓰였음. 현대 영어 'could'의 의미 / **become acquainted**[əkwéintid]: 친숙해지다, 친해지다

그대의 일을 지켜라

Keep thy Shop, and thy Shop will keep thee.

그대의 일을 지켜라. 그 일이 그대를 지켜줄 것이다.

일은 우리 삶의 든든한 울타리가 되어준다.

하지만 일을 싫어하거나 소홀히 대하면 그 순간부터 일은 우리 곁을 떠
난다. 노동은 의무이자 권리지만, 멀리하는 순간 의무만 남고 권리는 사
라진다.

일이 우리를 지키게 하려면, 일에 성실과 정직을 불어넣어야 한다. 그럴
때 일은 생계 수단을 넘어, 우리 존재를 안정시키는 기반이 된다.

자기 일에 충실할 때 비로소 우리는 스스로 설 수 있게 된다.

shop: 여기에서는 '가게'가 아닌 '직업, 사업, 일'을 의미함

후회 없는 거래의 조건

Necessity never made a good bargain.

절박하면 좋은 거래를 하지 못한다.

필요에 쫓기는 순간, 우리는 선택권을 잃는다. 흥정할 여유도, 가치를 따질 시간도 없이 무엇이든 붙잡게 된다.

그 결과는 언제나 잘못된 선택이다.

절박함은 판단을 흐리게 하고, 우리를 약자의 위치로 내몬다. 일자리든, 관계든, 돈이든 '꼭 필요하다'는 절박함이 클수록 더 나쁜 조건을 받아들이게 된다.

반면, 좋은 거래는 여유에서 나온다. 반드시 이 거래가 아니어도 된다는 선택의 자유, 그것이 바로 좋은 거래로 이끄는 힘이다.

잠언은 우리에게 묻는다. "정말 절박한가, 아니면 스스로 절박함으로 몰아넣고 있는가?" 진짜 지혜는 필요를 줄이고 욕망을 절제함으로써 절박함에 휘둘리지 않는 데 있다. 오직 마음의 여유 속에서만 후회 없는 선택이 가능하다.

---

necessity[niséseti]: 필요, 궁핍, 궁지, 어쩔 수 없는 상황 / **make a bargain**: 거래를 맺다, 흥정하다. 여기서는 과거형을 써서 '지금까지 한 번도 ~한 적 없다'라는 일반적 진리를 강조함

The King's cheese is half wasted in parings: But no matter, 'tis made of the peoples milk.

왕의 치즈는 껍질을 깎을 때 절반이 낭비되지만, 괜찮다. 어차피 백성들의 젖으로 만든 것이니.

권력자의 사치와 낭비는 결국 백성의 희생 위에서 이뤄진다. 왕이 치즈를 절반이나 잘라내 버려도 개의치 않는 이유는, 자기 손으로 만든 게 아니기 때문이다.

애초에 그 재료가 백성의 젖에서 나왔으니, 손실 또한 백성이 짊어지게 된다.

국민의 피와 땀이 권력자의 손에서 어떻게 다뤄지는가를 묻는 것은 오늘날에는 정치 참여의 문제가 되었다. 권력자의 낭비로 우리의 삶이 피폐해질 때, 침묵은 곧 동조가 된다.

시민은 무관심이 아닌 감시와 참여로써 정치에 응답해야 한다.

누가 우리 치즈의 절반을 깎아내고 있는지를 묻는 것은 민주적 정치 참여의 첫걸음이자, 스스로의 권리를 지키는 일이다.

---

paring[péəriŋ]: 껍질 벗기기. 복수형으로 쓰이면 '깎아낸 껍질, 잘라낸 부분'의 의미가 됨 / **peoples milk**: people's milk. 당시에는 소유격('s)이 종종 생략되었음

얕은 곳은 거리낌 없이 건넌다

Let all Men know thee, but no man know thee thoroughly: Men freely ford that see the shallows.

모두가 그대를 알게 하되, 전부 알지는 못하게 하라. 사람들은 얕은 곳이 보이면 거리낌 없이 건넌다.

깊이를 알 수 없는 강에는 쉽게 들어가지 못하지만, 얕다는 게 알려진 곳은 누구나 쉽게 밟고 건넌다. 사람의 마음도 마찬가지다. 속을 다 보여주는 순간, 대부분은 거리낌 없이 가볍게 대한다.

잠언은 관계에서 지켜야 할 적당한 거리의 중요성을 말한다.

인간관계에서 진실성과 신뢰는 분명 중요하지만, 그것이 곧 무방비 상태를 의미하는 건 아니다.

삶은 강과 같다. 얕은 곳은 누구나 쉽게 밟지만, 깊은 곳은 그 존재만으로도 신중한 거리를 만들어낸다.

인간관계에도 지혜로운 깊이가 필요하다. 그것이 서로를 더 존중하며 함께 걷는 길이다.

thoroughly[θə́:rəli]: 속속들이, 완전히, 철저히 / ford: 얕은 물을 걸어서 건너다 / shallow[ʃǽlou]: 얕은 곳

내던져버린 두 개의 보물

Ah simple Man! when a boy two precious jewels were given thee, Time, and good Advice; one thou hast lost, and the other thrown away.

아, 어리석은 인간이여! 어릴 적 그대에겐 '시간'과 '좋은 충고'라는 두 개의 귀한 보물이 주어졌건만, 하나는 잃어버렸고, 또 하나는 내던졌도다.

젊음은 풍요로운 시간이자 어떤 실패도 만회할 수 있는 가능성의 시기다. 또한 그때 곁에 있던 이들의 충고는 삶의 시행착오를 줄여주는 등불이 된다.

그러나 우리는 그 선물을 너무 가볍게 여긴다. 시간은 끝없이 주어진 듯 대하고, 충고는 귀찮고 짜증이 난다.

뒤늦게 깨달았을 때는 이미 보석은 사라지고 없다. 젊음은 무한하지 않았고, 충고는 영원히 들을 수 있는 게 아니었다. 시간이 지나면 기회도 사라지고, 충고해줄 이도 떠나간다.

그러니 오늘을 가볍게 흘려보내지 말고, 귀 기울일 만한 말을 가볍게 여기지 말자. 그 두 가지를 붙들 수 있다면, 삶은 더 단단해지고 지혜로 채워질 것이다.

---

simple: 순진한, 어리석은, 미련한. 일반적으로는 '간단한'의 뜻으로 쓰임 / **thou hast**[hæst]: you have. 고어체

세상에서 가장 비싼 학교

Experience keeps a dear school, yet Fools will learn in no other.

경험은 값비싼 학교다. 그런데 어리석은 자들은 오직 경험을 통해서만 배운다.

'경험'만큼 잘 가르치는 학교는 없다. 다만 학비가 아주 비쌀 뿐이다. 시간, 돈, 감정, 관계, 명예까지 수많은 대가를 지불해야 한다. 그런데 어리석은 자는 오직 이 학교에서만 배우려 한다.

현명한 자는 타인의 실수와 조언을 거울삼아 시행착오를 최대한 줄이려 한다. 그런데 어리석은 자는 그 방법을 선택하지 않는다. 반드시 자신이 직접 겪고 상처를 입어야만 깨닫는다.

이 둘의 차이는 뭘까? 배움의 절대 조건이 있다면, 바로 겸손이다. 자신이 무지하다는 인정. 어리석은 자에게는 그 겸손이 결여되어 있다. 그래서 그들은 늘 비싼 학비를 감당해야 하고, 배움도 더디다.

누구도 실수와 실패를 완전히 피할 수는 없다. 다만 그 모든 실패를 굳이 스스로 다 겪을 필요는 없지 않을까. 타인의 경험에 귀 기울이는 겸손함이야말로, 지혜로운 삶으로 들어가는 가장 빠른 길일 것이다.

---

keep a school: 학교를 운영하다(세우다) / **dear**: 값비싼, 대가가 큰

DAY
018

누가 부유한가?

Who is rich? He that rejoices in his Portion.

누가 부유한가? 자기 몫에 만족하며 기뻐하는 자다.

"부란 무엇인가?"

끝없는 욕망은 늘 부족함을 느끼게 하고, 비교는 지금 가지고 있는 것을 무가치하게 만든다. 반면 지금 누리는 삶과 조건 속에서 감사와 만족을 찾을 줄 아는 사람은 이미 부자다.

많은 이들이 더 많은 돈, 더 큰 집, 더 높은 지위를 좇으며 스스로 불안을 키운다. 하지만 역설적으로 만족을 모르는 사람은 아무리 부유해도 가난하다. 진정한 부자는 현재의 몫에서 기쁨을 발견하고, 그 기쁨을 삶의 동력으로 바꾸는 사람이다.

잠언은 우리에게 안주하고 체념하라고 말하는 게 아니다. 오히려 삶의 주도권을 되찾으라고 말한다. 내가 가진 것에 기뻐할 때, 욕망에 휘둘리지 않고 자유로워질 수 있다.

결국 진짜 부는 은행 잔고가 아니라, 내 마음의 태도에 있다.

---

rejoice in~: ~을 기뻐하다, 만족하다 / **portion**: 자신에게 주어진 삶의 분깃(운명, 재산, 몫). 성경 용어

악마의 휴지

The Devil wipes his Breech with poor Folks Pride.

악마는 가난한 자들의 자존심으로 자기 엉덩이를 닦는다.

악마는 자존심을 지키려는 마음을 이용해, 우리 삶을 조롱하고 파괴한다. 결국 자존심을 붙드는 순간, 우리는 더 중요한 인생의 지혜를 놓치게된다.

존엄과 자존심은 다르다. 존엄은 어떤 상황에서도 우리 자신을 존중하게 하지만, 자존심은 타인의 시선을 의식해 불필요하거나 어리석은 선택을 하게 만든다.

진정한 지혜는 체면보다 현실을 직시하는 데 있다. 필요할 땐 도움을 요청하고, 때로는 겸손하게 자신의 현재를 인정할 수 있어야 한다. 그것이 가난을 극복하는 출발점이며, 자신의 존엄을 지키는 길이다.

결국 악마가 노리는 것은 가난 자체가 아니라, 사람이 자존심 때문에 스스로 무너지는 그 순간이다.

The D---l wipes his B---ch with poor Folks Pride: 이 잠언의 원문임. 당시 인쇄물에서는 신성모독이나 비속어 사용을 피하기 위해 중간 글자를 대시(-)로 숨겼음 / **breech**[briːtʃ]: 허리 아랫부분, 엉덩이. 현재는 'buttocks' 혹은 'backsides'가 일반적으로 쓰임 / **Folks**: Folks' (또는) Folks's. 소유격('s)이 생략된 형태임. 복수형의 folks는 당시에 '서민, 하층민'의 의미로 쓰였음. 오늘날에는 단순히 '사람들'의 뜻으로 사용됨

인생은 오늘 위에 쌓인다

Have you somewhat to do to-morrow; do it to-day.

내일 할 일이 있다면 오늘 하라.

우리는 늘 내일을 기약하며 오늘 할 일을 미룬다. 하지만 '내일'은 우리에게 보장된 시간이 아니다. 우리가 확실히 붙잡을 수 있는 것은 오직 '지금 이 순간'뿐이다.

잠언은 시간의 본질을 짚으며, 지금 실행하는 일은 미래의 불확실성을 줄이고, 기회의 문을 넓힌다고 말한다.

반대로 오늘을 허비하는 사람은 내일의 시간을 빚으로 끌어다 쓰는 셈이다. 그 빚은 언젠가 고통스러운 형태로 되갚아야 한다.

잠언은 '지금 이 순간의 주인이 되라'고 말한다. '내일'이란 이름의 허상에 속지 말고, 오늘 해야 할 일을 오늘 끝내는 습관이 곧 삶을 단단히 세우는 길이다.

인생은 내일이 아니라 오늘 위에 쌓인다.

---

somewhat: 무언가(something)

잭은 언제나
주는 걸 좋아해

잭이 후하지 않다고? 누가 그래?
그는 언제나 기꺼이 내어줘. 받는 데는 관심이 없지.
그런데 뭘 주냐고? 아, '충고'를 줘.

Who says Jack is not generous? he is always fond of giving, and
cares not for receiving, — what? Why; Advice.

---

generous: 후하, 관대한 / **be fond of**: ~을 좋아하다, 즐기다, 기꺼이 하다 / **why**: 아, 아니,
그야, 당연히, 글쎄. 놀람·당연함 등을 드러내는 감탄사로 쓰였음

누가 잭을 인색하다고 하는가? 그는 실로 가장 '후한' 사내다. 그는 '충고'를 무한정 퍼주기 때문이다. 이 잠언은 관대함이라는 고귀한 미덕을 악용하는 위선과 오만을 풍자한다.

잭의 행동에서 핵심은 '주기만 하고, 받는 데는 관심이 없다'는 점이다. 진정한 조언은 상호 존중을 바탕으로 한 소통의 과정에서 나온다. 그러나 잭의 충고는 늘 일방통행이다. 그는 "나는 현명하며, 너희는 가르침이 필요하다"는 메시지를 던지며, 자신에게 돌아오는 충고나 비판은 철저히 외면한다.

진정한 관대함에는 마음이 담겨 있다. 그래서 자신의 이익보다 타인의 실질적 가치에 더 관심을 둔다. 하지만 잭의 충고는 자신에게 어떤 손해도, 그 어떤 숙고의 노력도 요구하지 않는, 명분만 챙기는 이기적인 장사다. 남는 시간에 남는 말을 던지며, '관대하다'는 후광만 챙기려는 계산이 숨어 있다. 결국, 잭의 '관대함'은 이기심의 다른 이름일 뿐이다.

정말 필요한 때에 진심을 담은 충고 한 마디는 돈보다 귀하다. 그러나 잭이 베푸는 것은 '따뜻한 마음'이 아닌, '싸구려 설교'일 뿐이다.

3장

진짜 그렇게
되어라!

Speak and speed: the close mouth catches no flies.

말하라, 그래야 이루어진다. 다문 입으로는 파리도 잡지 못한다.

말을 아끼는 것은 신중함의 미덕이다. 하지만 침묵이 지나치면 기회를 놓치게 된다. 다문 입으로는 파리를 잡지 못하듯, 마음속에만 담아둔 생각은 세상에 전해지지 않는다.

성급한 말은 후회를 남기지만, 지나친 침묵은 존재를 지운다.

중요한 것은 때를 분별하는 능력이다. 적절한 순간에 용기를 내어 말하고 행동하는 사람은 삶의 흐름을 낚아 세상 속에서 자기 자리를 굳건히 세운다.

침묵은 안전해 보이지만, 그 속에만 머무르면 기회의 문은 닫힌다.

결국 인생의 지혜는 말과 침묵 사이에서 균형을 찾아, 필요한 순간에 스스로의 목소리를 내는 데 있다.

---

speed: 성공하다, 일이 잘 풀리다. 고전적 용법. God speed you(고어로, '성공을 빕니다'는 뜻)

진짜 그렇게 되어라!

What you would seem to be, be really.

남에게 보이고 싶은 모습이 있다면, 진짜 그렇게 되어라.

우리는 종종 자신이 실제보다 더 나아 보였으면 한다. 그래서 꾸미고, 포장하고, 때로는 연기까지 동원한다.

하지만 '꾸며낸 나'와 '진짜 나' 사이의 간극이 커질수록 마음은 불안해지고, 결국 그 불안은 삶에 균열을 만들어낸다.

잠언은 겉으로 보이는 이미지보다 겉과 속이 하나가 되는 삶을 강조한다. 남에게 보이고 싶은 모습이 있다면, 연기하지 말고 정말로 그 사람이 되라고 말한다.

겉과 속이 다른 사람은 오래갈 수 없지만, 같은 사람은 시간이 지날수록 더 큰 신뢰를 얻는다.

'보이기 위한 삶'은 허망하지만, '되기 위한 삶'은 단단하다. 진짜가 되려는 노력 속에서만 인격은 완성되고, 삶은 중심을 잡는다.

What you would seem to be: 당신이 ~인 척 보이고 싶은 모습 / **be really**: be real. 'really'가 형용사적으로 쓰인 건 고전적 용법

중노동보다 더 사람을 망가뜨리는 것

Sloth (like Rust) consumes faster than Labour wears: the used Key is always bright.

게으름은 (녹처럼) 노동보다 더 빠르게 사람을 망가뜨린다. 많이 사용하는 열쇠는 늘 반짝반짝 빛난다.

게으름은 쇠를 갉아먹는 녹과 같다. 일을 미루고 몸을 굼뜨게 두면, 눈에 띄지 않지만 삶 전체가 녹슨다. 그것도 빠르게. 반대로 몸과 마음을 부지런히 움직이는 사람은 오래 사용한 열쇠처럼 빛난다.

우리 삶은 노동으로 인해 지치고 소모되는 것 같아도, 사실은 그 노동이 우리를 지켜내고 삶에 생기를 불어넣는다.

부지런함은 단지 생계유지를 위한 수단이 아니라, 인간 존재 자체를 단단하게 만드는 미덕이다. 하지만 게으름은 시간을 갉아먹고 의지를 약화시키며 결국 삶의 의미까지 무너뜨린다. 하루하루를 성실함으로 쌓아갈 때 우리 인생은 더욱 빛나고 탄탄해진다.

---

sloth[slouθ, slɔːθ]: 게으름, 나태 / **consume**[kənsúːm]: 좀먹다, 갉아 먹다, 소모하다, 소비하다 / **labour**: (미국식) labor / **wear**: 닳아 없어지게 하다

Make haste slowly.

천천히 서둘러라.

———

"천천히 서둘러라." 문자적으로는 모순처럼 들리지만, 찬찬히 생각해보면 이 잠언이야말로 우리 삶을 우아하게 만드는 가장 지혜로운 조언 아닐까.

조급히 서두르면 작은 실수들이 쌓여 더 큰 대가를 치르게 된다. 반대로 아예 느리면 그사이 기회가 사라진다.

나아가 잠언은 우리가 서둘러야 할 것이 무엇인지를 생각하게 한다. 삶의 의미, 방향, 목적 같은 결코 놓쳐서는 안 되는 인생의 질문뿐만 아니라, 현 상황에서 우선순위가 무엇인지도 서둘러 살펴야 한다. 다만 잠언의 충고대로 침착하게 그 답을 찾아가야 한다.

삶의 중요한 일은 서두르되, 경솔하지는 말자. 중요한 결정은 미루지 않고 내리되, 섣불리 내리지는 말자.

---

make haste: 서두르다, 빨리하다 / **Make haste slowly**: 고대 로마 격언 'festina lente(서둘러라, 그러나 천천히)'를 영어로 옮긴 표현

지혜가 지나치면 어리석어진다

The most exquisite Folly is made of Wisdom spun too fine.

가장 극단적인 어리석음은 지나치게 섬세한 지혜에서 나온다.

모든 것을 계산하고, 모든 경우의 수를 따지고, 모든 세부 사항을 통제하려는 집착은 결국 단순한 진리를 집어삼킨다. 복잡하게 꼬여버린 실타래처럼, 너무 '섬세하게' 뽑아낸 지혜는 스스로 얽히고설켜 어리석음이 된다.

잠언은 과도한 계산과 지나친 분석을 경계한다. 실수하지 않으려는, 혹은 현명해 보이려는 욕심에 지나치게 따지고 재다 보면, 결국 아무 결정도 내리지 못하거나 작은 일에도 큰 에너지를 소모하게 된다. 그 순간 지혜는 오히려 우리의 발을 무겁게 하는 짐으로 전락하고 만다.

끝없는 정보 수집, 완벽한 계획 수립, 사소한 디테일 수정은 지혜로운 태도 같지만, 실제로는 삶을 지연시키고 선택을 망설이게 만든다.

필요한 것은 '더 섬세한 지혜'가 아니라, 적절하고 실행 가능한 지혜다.

지혜가 지나치면 더 이상 지혜가 아니다. 그건 어리석음일 뿐이다.

---

exquisite[ékskwizit]: 극단적인, 지나치게 정교한. 오늘날은 '절묘한, 훌륭한'의 의미 / **spun too fine**: 지나치게 세밀하게(가늘게, 섬세하게) 만들다

행운을 밀어내고 싶다면

As Pride increases, Fortune declines.

교만이 커질수록 행운은 줄어든다.

교만한 마음은 자신이 절대적이기에, 타인의 조언이나 우연한 기회의 손길을 가볍게 여긴다. 스스로 문을 닫아버리니 행운이 찾아와도 들어올 틈이 없다.

역사 속 몰락한 제왕이나 영웅들의 공통점에는 교만이 있다. 그들은 힘과 명예가 최고조에 달했을 때 오히려 가장 취약해졌다. 교만은 눈을 가려 현실을 오판하게 하고, 자신에게 영향을 준 행운의 요소를 당연한 권리로 착각하게 만든다. 교만은 단순한 성격적 결함이 아니라, 운명마저 거꾸러뜨리는 독배다.

그래서 행운은 겸손함 속에서만 오래 머무른다. 겸손은 자신이 결코 완전하지 않음을 인정하는 태도이고, 그 인정이 타인의 지혜와 우연한 기회를 받아들이는 열린 마음을 갖게 한다. 교만해질수록 행운은 사라진다. 이는 마치 자연의 법칙처럼 보인다.

---

pride: 교만, 자만, 자존심(부정적 뉘앙스) / **fortune**: '운명, 행운, 재산, 번영'까지 아우르는 넓은 개념. 여기서는 재산(번영)과 행운 양쪽 뉘앙스를 모두 지님 / **decline**[dikláin]: 기울다, 쇠하다

지혜로운 자는 스스로 번거로움을 만들지 않는다

Neither trust, nor contend, nor lay wagers, nor lend;
And you'll have peace to your Lives end.

쉽게 믿지도 말고, 쓸데없이 다투지도 말며, 내기에 참여하지도 말고, 돈을 빌려주지도 마라.
그러면 사는 동안 평화를 누릴 것이다.

누군가를 너무 쉽게 믿어 실망하고, 사소한 문제로 다투고, 쓸데없이 내기에 휘말리며, 무심코 돈을 빌려주어 관계가 틀어지는 일은 흔하다.
그래서 잠언은 이런 불필요한 선택을 멀리하라고 말한다. 이는 인간관계에 지혜로운 거리를 두라는 조언으로도 읽힌다.
모든 이를 다 믿지도 말고, 모든 싸움에 다 뛰어들지도 말고, 모든 부탁에 다 응하지도 마라. 절제된 거리는 무정함이 아니라, 자신과 타인 모두를 지키는 현명한 방패다.
평화로운 삶은 거창한 철학이나 신념에서 오는 게 아니라, 일상의 작은 선택에서 비롯된다. 불필요한 신뢰, 불필요한 다툼, 불필요한 거래를 줄이면, 마음의 평온은 저절로 따라온다. 스스로 번거로운 일을 만들지 않는 것이 세상살이의 지혜일지 모른다.

---

contend[kənténd]: 다투다, 싸우다 / **lay wager**[wéidʒər]: 내기를 하다, 돈을 걸다(bet) / **Lives**: Life의 복수형. 'Lives end'는 '인생의 끝, 사는 동안, 죽음에 이르기까지'의 의미. 당시에 흔히 쓰인 소유격이 생략된 형태

받을 만한 자격을 갈망하라

Thirst after Desert, not Reward.

보상을 좇지 말고, 받을 만한 자격을 갈망하라.

보상은 분명 내 노력의 대가다. 하지만 결국 외부에서 주어지는 것이다. 월급, 보너스, 상장, 칭찬 같은 것들이다. 그것을 얻기 위해 우리는 때로 조급해지고, 편법의 유혹에도 빠진다. 그러나 그렇게 얻은 보상은 모래성처럼 쉽게 무너진다.

'받을 만한 자격'은 내 안에서 길러내는 힘이다. 성실한 수고, 정직한 태도, 꾸준한 성장으로 쌓아 올린 '역량'이 바로 그것이다.

자격을 쌓는 사람은 보상이 조금 늦어지더라도 두렵지 않다. 시간이 흐를수록 그 자격은 누구도 무너뜨릴 수 없는 든든한 삶의 토대가 되기 때문이다.

그러니 일시적이고 타인에게 주도권이 있는 보상에 목매기보다, 그 보상을 당연히 누릴 만한 자격을 갈망하라. 눈앞의 보상은 잠깐의 기쁨이지만, 자격은 평생을 보장해주는 힘이다. 인생의 존엄과 부는 결국 자격을 추구하는 삶에서 비롯된다.

thirst after: 갈망하다, 열망하다 / **desert**[dizə́:rt]: 당연히 받을 자격, 공적. 여기서는 '사막'이 아니라 'deserving'의 의미 / **reward**: 상, 보상, 보답(외부에서 주어지는 대가)

DAY 029 · 역사가 재미없는 나라

Happy that nation, fortunate that age, whose history is not diverting.

역사가 재미없는 나라는 행복하고, 그런 시대는 행운이다.

우리는 흔히 전쟁과 혁명, 격동의 역사를 영웅적이고 극적인 장면으로 기억한다. 하지만 그런 장면들 뒤에는 언제나 수많은 이들의 희생과 고통이 있다. '재미없는 역사'란 곧 평화로운 사회, 안정적인 제도, 조용히 흘러가는 일상의 시간이다. 그런 시대에 산다는 건 엄청난 행운이자 행복 아닐까.

뉴스가 끊임없이 대형 사건·사고와 정치적 격변을 보도할 때, 사람들은 역사가 움직인다고 느낀다. 그러나 진정으로 행복한 사회는 언론이 특별히 보도할 만한 일이 없는 사회, 즉 평범한 일상 자체가 안전하게 지켜지는 곳이다. 잠언은 화려한 역사보다 조용한 안정의 소중함을 일깨워 준다.

diverting: 재미있는, 흥미로운 사건이 많은

정직은 지적 능력의 문제였다

Tricks and Treachery are the Practice of Fools, that have not Wit enough to be honest.

속임수와 배신은 정직할 만큼의 지성도 없는 바보들의 습관이다.

잠언은 속임수와 배신을 도덕적 문제를 넘어 '지성'의 문제로 보고 있다. 정직하게 문제를 해결할 능력이 없는 사람은 결국 비겁한 수를 쓰게 된다. 그 순간 그는 자신에게는 정직할 만큼의 지성도 없다고 고백하는 셈이다. 더불어 이는 속임수와 배신의 결말을 내다볼 만한 머리도 없다는 뜻이다.

살다 보면 순간의 이익을 위해 속임수와 배신을 일삼는 이들을 심심찮게 보게 된다. 하지만 결국 그들은 신뢰를 잃고 더 큰 대가를 치르게 된다. 정직은 느려 보이지만 지속 가능케 하고, 속임수는 빨라 보이지만 곧 드러나 무너진다.

정직함은 속임수의 종말을 미리 내다본 지성들이 선택한, 가장 실용적인 지혜다. 결국 정직은 지적 능력의 문제였다!

treachery[trétʃəri]: 배신, 반역, 변절 / practice: 습관, 버릇, 상습적인 행위. 오늘날에는 '연습, 실행' 등의 뜻이 더 널리 쓰임 / wit: 오늘날은 '재치'에 가깝지만, 당시에는 '지성, 분별력, 올바른 판단력' 등의 뜻으로 널리 쓰였음

소송의 심리학

한 사람이 소송하겠다고 큰소리를 치자, 그 친구가 말렸다.
"소송은 돈이 많이 들어. 잘 생각해봐야 해."
그러자 그는 대꾸했다. "난 상관 안 해. 생각 따위 하지 않을 거야.
그냥 소송할 거야."
친구가 맞장구쳤다. "그렇지, 소송하려는 사람이 신중할 리 없지."

A Person threatening to go to Law, was dissuaded from it by his
Friend, who desired him to consider, for the Law was chargeable. I
don't care, reply'd the other, I will not consider, I'll go to Law. Right,
said his Friend, for if you go to Law, I am sure you don't consider.

---

threaten[θrétn]: ~하겠다고 떠들다, 큰소리치다. 기본 뜻은 '위협하다, 협박하다'임 / **go to law**: 소송하다, 법정에 가다 / **dissuade**[diswéid] (from): ~하지 않도록 말리다, 만류하다 / **consider**: 깊이 생각하다, 신중히 따지다 / **chargeable**: 비용이 많이 드는, 돈이 드는 / **reply'd**: replied. 축약형

프랭클린은 법정 소송의 본질을 두 친구의 짧은 대화로 풍자한다. 소송은 정의를 세우는 수단이어야 한다. 하지만 종종 분별력을 잃은 사람들의 비싼 싸움터로 변질된다.

"소송은 돈이 많이 든다"는 충고에도, 당사자는 "생각 따위 하지 않겠다"고 답한다. 이 장면은 이미 이성을 잃은 자가 얼마나 쉽게 법정으로 달려가는지를 잘 보여준다.

분노나 자존심에 휘둘려 선택한 싸움은, 이겨도 남는 게 없다. 돈과 시간, 관계와 명예까지 다 잃을 수 있다.

지혜는 애초에 이 싸움에 가치가 있는지, 내가 분노에 눈이 먼 건 아닌지 살피는 데 있다. 사소한 다툼에서든 큰 분쟁에서든, 우리가 지켜야 할 것은 침착한 분별력이다. 싸움에 뛰어들기 전, 먼저 스스로 물어봐야 한다. "나는 지금 이성을 붙잡고 있는가?"

4장

"오늘도
너무 늦었다!"

몸만 바쁜 사람들

There are lazy Minds as well as lazy Bodies.
몸이 게으른 것처럼 정신도 게으를 수 있다.

생각을 멈추고, 사색을 싫어하고, 불편한 질문을 회피하는 태도 또한 게으름이다. 육체의 게으름이 삶을 가난하게 만든다면, 정신의 게으름은 삶을 공허하게 만든다.

오늘날 우리는 몸은 분주하게 움직이지만, 정작 정신은 게으른 경우가 많다. 전두엽을 멈춰 세워둔 채 끊임없이 스크린을 넘기고, 의지와는 무관한 정보를 소비한다. 깊이 있는 사유란 없다. 불편하고 까다롭고 성가시다는 이유로 삶에 대한 성찰을 미루는 순간, 정신의 게으름은 이미 시작된 것이다.

잠언은 정신의 게으름이야말로 우리를 진정한 나태와 쇠락으로 이끈다는 경고다. 나는 몸만 바쁜 것 아닌가? 정신도 깨어 있는가? 정신이 게으른 자는 꼭 해결해야 하는 삶의 중요한 문제 앞에서 지금 도망치고 있는 것이다.

as well as~: ~와 마찬가지로, ~에 더하여

Observe all men; thy self most.

모든 사람을 살펴라. 하지만 가장 주의 깊게 살펴야 할 사람은 그대
자신이다.

다른 사람들의 행동과 말, 선택을 살펴보면 삶의 이치와 세상의 질서를
배울 수 있다. 그러나 잠언은 가장 철저히 관찰해야 할 대상은 바로 자기
자신이라고 말한다.

남을 볼 때는 냉정하고 철저하면서도, 정작 자기 자신에게는 너그러운
것이 인간의 본성이다. 타인의 허물은 쉽게 지적하면서도, 정작 자기 내
면의 욕망과 허영, 나쁜 습관에는 둔감하다. 잠언은 그 지점을 지적한다.
세상을 이해하는 눈이 진정으로 열리려면 먼저 자기 자신을 가장 엄격
하게 들여다봐야 한다는 교훈 아닐까.

잠언은 자기 성찰의 필요성을 단호하게 일깨운다. 타인을 관찰하듯 자
신을 관찰할 때, 비로소 우리는 균형 잡힌 판단과 더 큰 성장의 기회에
다가설 수 있다. 결국 지혜란 남을 아는 데서 그치지 않고, 자신을 아는
데서 완성된다.

---

observe: 관찰하다, 주시하다. '(법률 등을) 지키다'의 뜻도 있음 / **thy self**: yourself. 고어체

때를 기다리지 마라

If you have time dont wait for time.

시간이 있다면 때를 기다리지 마라.

많은 사람이 '더 좋은 때'를 기다리며 기회를 흘려보낸다.

그러나 완벽한 때란 오지 않는다.

시간이 주어졌을 때 바로 시작하는 것이 곧 기회의 문을 여는 첫걸음이다.

지금 행동하지 않는다면, 때를 기다린다는 그럴싸한 명분 속에서 게으름이 꿈틀거리기 시작한다.

잠언은 시간을 사용하는 태도를 강조한다. '지금'이 이미 기회이며, 그것을 쓰지 않는다면 결국 기회는 사라진다.

우리는 더 좋은 때를 기다리는 게 아니라, 지금 가지고 있는 때를 최고의 순간으로 만들어야 한다.

---

wait for: 기다리다 / 쉼표 생략: 문법 규칙보다 운율이나 억양에 의존한 결과. 현대 영어에서는 보통 'If you have time, don't wait for time.'의 형식으로 쉼표를 표시함 / **dont**: don't. 고어체

사소한 잘못에는 눈을 감아라

Wink at small faults; remember thou hast great ones.

사소한 잘못에는 눈을 감아라. 그대에게는 큰 허물이 있다는 걸 기억하라.

타인의 작은 잘못을 눈감아주는 것은 단지 너그러워서가 아니다.

그것은 자신에게도 허물이 있다는 겸손함의 표현이다.

그래서 비난하기보다는 먼저 이해하려고 하고, 가능하면 상대의 사정을 봐주려는 것이다.

완벽한 사람은 없기에, 서로의 작은 결점을 이해하고 눈감아줄 때 사회와 공동체는 성숙해진다.

자신을 성찰하는 눈은 남을 판단하고 재단하는 눈보다 훨씬 깊은 지혜를 우리에게 준다.

상대의 작은 허물에 집착하지 않고 자신을 다스릴 줄 아는 태도, 그것이 진정한 성숙함의 길이다.

wink at: 못 본 체하다, 눈감아주다

자신의 참된 가치를 깨닫는 법

Pay what you owe, and what you're worth you'll know.

자신이 진 빚을 갚아라. 그때 자신의 참된 가치를 깨닫게 될 것이다.

우리는 태어나는 순간부터 이미 많은 빚을 지고 살아간다. 부모의 돌봄, 사회의 울타리, 자연의 은혜, 그리고 신의 도움까지.

이 빚을 모르거나 모르는 체하면 교만해지기 쉽고, 자신이 가진 것을 당연한 권리로 착각하게 된다. 그러나 자신이 빚진 자임을 깨닫는 순간, 삶은 겸손해진다.

잠언의 "네 빚을 갚아라"는 단지 금전적 채무만을 뜻하진 않으리라. 그것은 내가 받은 은혜, 즉 지고 있는 무형의 빚이 무엇인지도 직시하고 거기에 성실히 응답하라는 요구다. 그래서 빚을 갚는 행위는 겸손의 이유와 자신의 가치를 배워가는 과정이 된다.

겸손은 내가 타인과 세계에 의존한 존재임을 아는 데서 오고, 우리의 존엄은 그 의무를 다할 때 내면 깊은 곳에서부터 솟아나 단단해진다.

Pay what you owe: 빚진 것을 갚다. 금전적 부채뿐 아니라 의무나 책임까지 포함할 수 있음

누가 강한가?

Who is strong? He that can conquer his bad Habits.

누가 강한가? 자신의 나쁜 습관을 극복할 수 있는 사람이다.

잠언은 강자의 기준을 뒤바꾼다. 근육이나 권력, 부가 아니라, 자신을 다스릴 줄 아는 힘이 가장 강하다는 것이다.

외부의 적과 달리, 나쁜 습관은 언제나 우리 곁을 따라다닌다. 그래서 그것을 이겨낸 사람은 이미 인생의 가장 큰 싸움에서 승리한 것이다.

강함은 남과의 비교에서 오는 것이 아니다. 어제의 나쁜 습관을 이겨냈다면, 그만큼 나는 어제보다 강해진 것이다.

자기 극복이 없는 강함은 사실 껍데기에 불과하다. 진짜 강자는 자기 내면을 다스릴 수 있는 사람이다.

conquer[káŋkər/kɔ́ŋ-]: 정복하다, 이기다

행운을 지배하는 세 가지

Industry, Perseverance, and Frugality, make Fortune yield.

근면, 인내, 절약. 이 셋이 행운을 지배한다.

근면은 꾸준히 일하는 힘이고, 인내는 결과가 늦어도 흔들리지 않는 마음이다. 절약은 흘려보낼 자원을 붙잡아 미래의 씨앗으로 만드는 지혜다.

이 셋이 함께할 때, 제멋대로인 행운도 결국 굴복한다. 행운은 누구에게나 찾아올 수 있지만, 준비된 자만이 그것을 자신의 것으로 만들 수 있다. 즉 행운은 밖에서 오는 선물이 아니라, 안에서 길러내는 결실이다. 그래서 노력과 절제, 인내 위에 서 있는 삶은 '행운'이라는 이름의 기회를 스스로 거머쥘 수 있다.

행운을 지배하는 자는 운이 좋은 사람이 아니라, 습관과 태도로 삶을 다져온 사람이다.

---

industry: 근면. '산업'이라는 뜻도 있음 / **perseverance**[pə̀:rsəví:rəns] : 인내(력), 참을성 / **frugality**[fru:gǽləti]: 절약, 검약 / **fortune**: 여기에서도 재산(번영)과 행운 양쪽 뉘앙스를 모두 지님 / **yield**: 굴복하다, 결과를 내다, 따르다

"오늘도 너무 늦었다!"

To-morrow I'll reform, the Fool does say: To day it self's too late; the Wise did yesterday.

내일부턴 달라질 거다, 어리석은 자가 말한다.
오늘도 너무 늦다, 현명한 자는 어제부터 행동했다.

사람들은 흔히 '내일부터 달라지겠다'고 다짐하지만, 그 내일은 결코 오지 않는다. 오늘 시작하지 않는 변화는 언제나 미뤄질 뿐이다.

어리석은 자는 미래의 자신에게 기대를 걸지만, 현명한 자는 어제부터 이미 행동하기 시작했다. 변화와 성장은 결심이 아니라 실행에서 시작된다.

잠언은 시간의 냉혹한 속성을 일깨운다. 어제는 이미 지나갔고 오늘조차 결코 빠르다고 할 수 없다. 하지만 우리에게 있는 건 오직 '지금'뿐이다. 자기계발이든 습관의 교정이든, 지혜로운 삶은 곧바로 시작한다.

내일로 미루는 순간, 그 내일은 영원히 안 올 수 있다. 오늘이 된 그 내일이 또 다른 내일로 미룰 테니 말이다. 삶을 바꾸려는 사람은 '오늘'을 붙잡아야 한다.

---

reform: 개선하다, 고치다 / **does say**: 오늘날에는 단순히 'says'라고 표현함 / **to day**: today. 고어체 /
it self's: itself's(itself is). 고어체

A wolf eats sheep but now and then, Ten Thousands are devour'd by Men.

늑대는 어쩌다 양을 잡아먹지만
인간은 수만 마리의 양을 집어삼킨다.

늑대는 본능적으로 양을 사냥하지만, 필요할 때만 그런다. 그러나 인간은 탐욕 때문에 필요 그 이상으로 양을 잡아먹고, 무수한 생명을 소비한다. 늑대의 포식은 생존의 문제이지만, 인간의 그것은 끝없는 탐욕의 결과다. 오늘날 우리는 그 탐욕이 가져온 심각한 결과를 목도하고 있다. 식량 낭비, 과도한 소비, 산업적 착취로 인한 기후 위기는 인간이 "수만 마리의 양을 집어삼킨" 결과다. 필요를 넘어선 과도한 소비는 자연의 훼손을 넘어 인간 자체를 집어삼키려 하고 있다.

잠언은 늑대보다 더 무서운 존재가 인간임을 일깨운다. 생존을 위한 소비와 탐욕을 위한 소비는 전혀 다르며, 그 차이를 분별하는 것은 인간의 도리다.

---

now and then: 가끔씩 / **ten thousands**: tens of thousands(수천수만의, 수많은) / **devour'd**: devoured(devour[diváuər]: 게걸스럽게 먹다, 집어삼키다). 축약형

Enjoy the present hour, be mindful of the past;
And neither fear nor wish the Approaches of the last.

현재를 누리고, 과거를 마음에 새겨라.
그리고 죽음이 다가옴을 두려워하지도, 바라지도 마라.

"현재를 누려라." 지금 이 순간이야말로 삶이 우리에게 허락한 유일한 무대임을 일깨운다.

"과거를 마음에 새겨라." 후회에 머물라는 뜻은 아닐 것이다. 지난 경험에서 길을 배우고 지혜를 얻으라는 뜻이다. 그렇게 오늘을 채울 때, 삶은 단단해진다.

"죽음이 다가옴을 두려워하지도, 바라지도 마라." 죽음은 삶의 끝에 있는 것이 아니라, 이미 우리 삶 가운데 놓여 있다. 그렇기에 죽음을 애써 피하거나 미리 불러들일 필요가 없다. 중요한 것은 지금 이 순간을 어떻게 살 것인가다.

잠언은 '현재-과거-죽음'이라는 세 축을 통해 인생을 통째로 바라보게 한다. 오늘을 충실히 누리고, 어제를 통해 배우며, 죽음 앞에 담담히 설 때, 비로소 우리의 인생은 깊은 울림을 가지게 된다.

---

the last: 맥락상 '마지막 순간, 죽음'을 은유함 / **approach**: 다가옴, 접근, 임박

자기 집주인의 멋진 숲을 파괴한 T.T.에 대하여

관대한 자연은 모든 종(種)에게
자신의 적을 알아보는 본능을 선사했네.
우둔한 거위도 여우를 피해 달아나고,
양은 이리를 피해 도망치며, 뱃사람은 암초를 피해 키를 돌리지.
악당은 자신의 운명, 교수대를 내다본 듯,
나무에게 비슷한 혐오감을 품는다네.

On T.T. who destroy'd his Landlord's fine Wood.

Indulgent Nature to each kind bestows,
A secret Instinct to discern its Foes:
The Goose, a silly Bird, avoids the Fox;
Lambs fly from Wolves; and Sailors steer from rocks;
A Rogue the Gallows, as his Fate, foresees,
And bears the like Antipathy to Trees.

indulgent[indʌ́ldʒənt]: 너그러운, 관대한 / **bestow**[bistóu]: 하사하다, 부여하다 /
discern[disə́:rn, -zə́:r]: 분별하다, 식별하다 / **foe**[fou]: 적, 원수 / **silly**: 어리석은 /
gallows[gǽlouz]: 교수대 / **antipathy**[æntípəθi]: (본능적인) 혐오감

자연은 모든 생명에게 적을 구별할 수 있는 능력을 주었다. 거위는 여우를, 양은 이리를, 뱃사람은 암초를 피해 다닌다. 그런데 악당은 나무를 싫어한다. 왜일까? 교수대는 나무로 만들어지기 때문이다. 그래서 나무는 악당의 최후를 미리 보여주는 상징인 셈이다.

이 풍자시에는 인간의 본성은 자기 죄의 최후를 은연중에 감지한다는 통찰이 숨어 있다. 잘못을 저지르는 자는 언젠가 그것이 자신을 옭아맬 것을 알기에 불안과 두려움에 사로잡힌다. 나무가 너무 무서워 숲 전체를 파괴했던 T.T.처럼 말이다.

프랭클린은 죄와 벌은 결국 만나게 된다고 말한다. 모든 악행의 결과는 반드시 제자리로 돌아온다.

5장

죽음은
뇌물을 받지 않는다

나이 듦과 성숙함

Many Foxes grow grey, but few grow good.

늙어서 백발이 되는 여우는 많지만, 선해지는 여우는 찾아보기 힘들다.

여우가 늙어도 교활함을 버리지 못하듯, 인간 역시 늙는다고 저절로 선해지지 않는다.

나이가 들면 지혜롭고 너그러워질 것이라는 기대는 착각이다. 성숙함은 세월이 아니라 성찰과 수양에서 나온다.

어떤 이는 나이가 들수록 더 완고해지고, 더 이기적으로 변한다. 반대로 자기 잘못을 돌아보고 고쳐온 이들은 늙을수록 온화하고 따뜻해진다.

잠언은 우리에게 '나이 듦'과 '성숙함'을 구분하라고 말한다. 나이를 먹는 것은 자연의 일이고, 덕을 기르는 것은 우리의 일이다.

세월은 누구나 경험하지만, 그 속에서 어떤 사람이 되어가는가는 전적으로 우리 자신에게 달려 있다.

---

grow grey: 백발이 되다 / **grow good**: 착해지다, 선해지다

You may be too cunning for One, but not for All.

한 사람은 교활하게 속일 수 있어도, 모두를 속일 수는 없다.

세상은 때로 교활한 꾀가 성공하도록 내버려둔다.

하지만 그 꾀는 오래가지 못한다. 한두 사람은 속일 수 있어도, 모두를 속일 수는 없다.

거짓은 시간이 지날수록 흔적을 남기고, 꾀는 반복될수록 허점을 드러낸다. 한 사람을 속이는 데 성공했다고 우쭐거리다가 더 많은 이들의 눈에 걸려 결국에는 발가벗겨진다.

교활한 꾀는 순간의 이익을 준다. 하지만 정직은 평생의 자산을 남긴다. 교활함은 지적 능력이 부족한 이들의 습관임을 기억하자.

cunning: 교활한, 간사한, 잔꾀 부리는

자신의 결점은 잘도 견디면서

You can bear your own Faults, and why not a Fault in your Wife.

자신의 많은 결점은 잘도 견디면서 왜 배우자의 결점은 단 하나도 못 견디는가.

우리는 자신에게는 무한히 관대하면서 타인의 잘못에는 무관용의 원칙을 고수한다.

작은 실수 하나에도 동료를 비난하면서, 정작 자신이 같은 잘못을 저지를 때는 "어쩔 수 없었다"며 넘어간다. 심지어 가족에게조차도 이 이중잣대는 바뀌지 않는다.

자신의 결점은 이해의 대상이 되고, 타인의 결점은 비난의 근거가 된다. 모든 관계는 이 불균형 위에서 금이 간다.

자기 자신에게는 엄격한 눈을 들이대되, 타인에게는 관대한 눈길을 줄 때, 우리의 모든 관계는 더 단단해지고, 신뢰는 깊어진다.

더 깊은 관계는 서로가 더 완벽해질 때가 아니라, 서로의 불완전함을 받아들일 때 만들어진다.

결국 나의 결점을 먼저 직시할 줄 아는 사람만이, 타인을 껴안을 수 있다는 지혜에 다다른다.

bear your own Faults: 자신의 많은 결점을 견디다

What signifies knowing the Names, if you know not the Natures of Things?

사물의 이름만 알고 본질을 모른다면, 그게 다 무슨 소용인가?

사물의 이름을 아는 것은 지식을 쌓는 첫걸음이다. 하지만 이름만 알고 그 본질을 모른다면, 그 지식은 껍데기에 불과하다.

많은 이들이 화려하고 전문적인 용어를 나열하며 지식을 뽐내지만, 정작 그 말이 가리키는 실체와 의미를 제대로 이해하는 경우는 드물다. '말의 주인'이 되지 못한 채 '노예'로 사는 것이다.

그래서 사물과 사람, 사건의 이름을 아는 데 만족하지 말고, 그 이면의 본질과 의미를 파악하려는 노력이 필요하다.

진정한 지혜란 이름이 가리키는 세계를 꿰뚫는 데 있다. 이름을 넘어 본질을 향해 나아가는 그 길이야말로 지식이 지혜로 승화하는 과정 아닐까.

signify[sígnəfài]: 의미하다, 뜻하다, 중요하다 / **nature**: 본질, 본성, 속성

죽음은 뇌물을 받지 않는다

Death takes no bribes.

죽음은 뇌물을 받지 않는다.

죽음은 그 누구의, 그 어떤 뇌물도 받지 않는다. 우리가 쌓아 올린 권력과 부, 지식은 죽음 앞에서 무력하다.

그 무엇으로도 피할 수 없는 종착역을 알기에, 오히려 지금, 살아 있는 동안 무엇을 남길 것인지, 어떤 삶을 살 것인지가 더욱 중요해진다.

죽음이 모든 것을 평등하게 만든다면, 우리가 추구해야 할 가치는 부와 권력이 아니라 양심과 덕, 그리고 진실한 관계일 것이다.

죽음을 의식하는 사람만이 허망한 집착을 내려놓고, 더 의미 있는 선택을 할 수 있다.

뇌물로도, 권력으로도, 지식으로도 피해갈 수 없는 죽음 앞에서, 우리는 삶을 정직하게, 충실하게 살아야 할 이유를 확인하게 된다.

잠언은 묻는다. "그대는 삶의 우선순위를 어디에 둘 것인가?"

bribe[braib]: 뇌물, 부정한 청탁

분노, 어리석음, 후회

Anger and folly walk cheek by jole;
Repentance treads on both their Heels.

분노와 어리석음은 늘 함께 걷고, 후회가 그 뒤를 따른다.

분노와 어리석음은 늘 나란히 걸으며, 그 뒤는 어김없이 후회가 따라온다. 화가 치밀 때 이성은 끊어지고, 그 순간의 행동은 대개 어리석은 선택이 된다. 그 선택은 필연적으로 후회를 불러온다.

분노는 일시적이지만, 그때 내뱉은 말과 행동은 오래도록 상처로 남는다. 순간적인 분노가 어리석은 실수를 낳고, 그 실수가 후회라는 짙은 그림자를 드리운다. 결국 분노를 다스리지 못하는 사람은 스스로 후회의 덫을 놓는 것이다.

직장에서, 가정에서, 인간관계에서 순간의 화를 참지 못해 던진 말은 관계를 파괴하고, 되돌리기 어려운 상황으로 이끈다.

분노를 알아차리고 멈출 수만 있다면, 어리석음과 후회의 필연적 연쇄를 끊어낼 수 있다. 우리가 후회의 고통을 꼭 기억해야 하는 이유다.

cheek [tʃiːk]: 뺨, 볼 / **cheek by jole**: cheek by jowl(서로 아주 가까이, 나란히). jole은 jowl의 고어체로 '턱(jaw), 턱뼈'의 뜻임 / **repentance**[ripéntəns]: 후회, 회한, 회개 / **tread**[tred]: (길·장소 따위를) 밟다, 걷다 / **tread on someone's heels**: ~의 뒤를 바짝 따르다

한 번 할 때 제대로 하라!

Well done, is twice done.

제대로 해낸 일은 두 번 한 것과 같다.

일을 대충 하면 반드시 문제가 생기고, 결국 두 번, 세 번 다시 손을 대야 한다. 처음부터 정성껏 제대로 마무리하면 결국 시간도 절약되고 성공의 가능성도 커진다.

잠언은 일의 효율성은 결국 태도의 문제라고 말한다.

작은 일에도 정성을 다하는 습관은 신뢰를 쌓고 성과도 가져온다. 반면 대충 하는 습관이 쌓이면 삶 전체가 허술해진다.

학생이 과제를 제대로 해내면 불필요한 수정에 시간을 쓰지 않게 된다. 직장에서 보고서를 처음부터 꼼꼼히 작성하면 상사의 잦은 지적을 피할 수 있다.

그래서 순간순간 최선을 다하는 삶은 두 번의 인생을 사는 것과 같다. 결국 '제대로 하는 습관'이 시간을 지키고, 마음의 평화도 보장한다.

Well done: 잘 해낸 일, 잘 수행한 일

Clearly spoken, Mr. Fog! You explain English by Greek.

정말 잘 말씀하시네요, 포그 씨! 영어를 그리스어로 설명하시다니.

잠언은 지식의 허세를 풍자한다.

남을 가르치려는 자가 정작 상대가 알아들을 수 없는 언어로 떠들어댄다면, 그건 가르침이 아니라 과시다.

지식은 나누고 사용할 때 힘을 가지지, 보여주기 위한 장식품이 될 때는 기이한 '외계어'로 전락할 뿐이다.

일상적인 문제에도 불필요하게 어렵고 전문적인 용어를 늘어놓는 이들이 있다. 마치 회의에서 '예산이 부족하다'는 말을 '자원의 최적화 과정에서 비용 효율성이 저하되는 구조적 한계가 발생한다(?)'라고 하는 것과 같다. 듣는 이는 좌절감과 분노를 느끼지만, 말하는 이는 자기만족에 빠져 있다.

Clearly spoken: 잘 말했다, 설명 잘했다 / **explain English by Greek**: (쉬운) 영어를 (어려운) 그리스어로 풀다

세상에서 가장 어려운 것 세 가지

There are three Things extreamly hard, Steel, a Diamond, and to know one's self.

세상에서 가장 어려운 것 세 가지. 강철을 꺾는 일, 다이아몬드를 깎는 일, 그리고 자기 자신을 아는 일.

잠언은 세상에서 가장 어려운 것 세 가지를 말한다. 강철을 꺾는 일, 다이아몬드를 깎는 일, 그리고 자기 자신을 아는 일. 그런데 그사이 앞의 두 가지는 기술의 발전으로 이미 극복했다. 하지만 자기 자신을 아는 일은 여전히 난제로 남아 있다.

자신을 안다는 것은 성격 파악 정도의 문제가 아니다. 욕망, 두려움, 교만, 결핍 같은 내면의 자신과 마주하는 일이다. 하지만 우리는 본능적으로 자신을 속인다. 잘못은 합리화하고, 약점은 감춘다. 그래서 '자기를 아는 일'은 예나 지금이나 여전히 어려운 과제다.

오늘날처럼 빠르게 변하는 세상에서 흔들리지 않으려면, 내가 누구인지, 무엇을 원하는지 분명히 알아야 한다. 그러나 동시에 그것이야말로 평생 공부해야 할 주제다. 자신을 아는 일에 게을리하지 않는 자는 결국 지혜로워질 것이다.

---

hard: 단단한, 어려운. 원문은 '강철'과 '다이아몬드'에는 '단단함'을, '자기를 아는 것'에는 '어려움'을 담았음 / **extreamly**: extremely(극도로). 고어체 / **one's self**: oneself. 고어체

두려움이라는 적

If evils come not, then our fears are vain: And if they do, Fear but augments the pain.

불행이 오지 않는다면 두려움은 헛된 것이며,
만약 온다면 두려움은 고통만 키울 뿐이다.

두려움은 아직 오지 않은 불행을 끌어당겨, 마치 이미 일어난 일처럼 우리를 괴롭힌다. 현실은 아무렇지 않은데 마음속에서는 이미 무너지고 있다.

만약 불행이 끝내 닥치지 않는다면, 그 두려움은 헛된 상상에 불과했고, 설령 닥친다 해도 두려움은 고통을 덜어주지 않는다. 오히려 그 고통을 더 키울 뿐이다.

잠언은 말한다. 두려움은 불행보다 먼저 오고, 더 오래 머문다고.

이성의 빈틈을 파고드는 불안은 언제나 현실보다 잔혹하다. 그러니 일어나지 않은 일을 미리 걱정하며 오늘을 허비하지 말자.

지금 이 순간, 마음의 평정을 잃지 않고 미리 준비하는 자는 어떤 불행 앞에서도 무너지지 않을 것이다.

---

evils: 불행, 불운, 재앙 / **but**: 오히려, 단지 / **augment**[ɔːgmént]: 늘리다, 증대시키다

좋은 세상과
나쁜 세상의 기준

신학자들 사이에 오랜 논쟁이 있었다,
세상의 본래 모습이 어떠했는지에 대하여.
어떤 이는 옛날은 좋았으나 지금은 타락했다고 하고,
또 어떤 이는 옛 잘못들이 이제는 바로잡혔다고 한다.
나는 말하겠다, 지금이 가장 좋은 세상이라고,
빌려주거나, 쓰거나, 베풀 수 있다면 말이다.
그러나 빌리거나, 구걸하거나, 제 몫을 되찾아야 한다면,
이보다 나쁜 세상은 일찍이 없었을 것이다.

Among the Divines there has been much Debate,
Concerning the World in its ancient Estate;
Some say 'twas once good, but now is grown bad,
Some say 'tis reform'd of the Faults it once had:
I say, 'tis the best World, this that we now live in,
Either to lend, or to spend, or to give in;
But to borrow, to beg, or to get a Man's own,
It is the worst World that ever was known.

---

divine[diváin]: 신학자, 성직자 / **estate**: 상태(condition) / **'twas**[twəz/twoz]: it was. 축약형
/ **give in**: (돈·재산을) 내주다, 베풀다, 기부하다. 오늘날은 '항복하다, 굴복하다, 양보하다'의
의미로 쓰임 / **to get a man's own**: 자기 권리나 재산을 되찾다, 정당한 것을 회수하다

신학자들은 세상이 예전보다 나아졌는지, 아니면 타락했는지를 두고 오래 논쟁했다. 하지만 프랭클린은 그런 추상적인 논쟁을 비틀어 꼬집는다.

그는 세상이 살기 좋은 곳인지 아닌지는 결국 내가 어떤 상황에 놓여 있느냐에 달려 있다고 말한다. 빌려주거나 베풀 수 있는 이들에게 이 세상은 가장 좋은 곳이지만, 빌려야 하고, 구걸해야 하고, 자기 몫을 되찾아야 하는 이들에게는 최악의 시공간이 된다.

이 풍자시는 불평등한 사회 구조 속에서 사람들이 얼마나 다른 경험을 하는지를 드러낸다. 같은 세상을 살아도 각자의 상황에 따라 전혀 다른 얼굴의 세상을 겪게 되는 것이다.

세상은 단순히 '좋다', '나쁘다'로 재단할 수 있는 대상이 아니다. 그 속에 존재하는 불평등과 그로 인해 펼쳐지는 불편한 풍경들을 성찰하며, 어떻게 해야 다 함께 잘 살 수 있을지를 고민해야 하는 실존의 무대가 이 세상이다.

6장

그대,
상처에 끌려다니지 말길!

Be not niggardly of what costs thee nothing, as courtesy, counsel, and countenance.

돈 들지 않는 것을 아끼지 마라. 친절, 조언, 그리고 얼굴빛으로 전하는 격려는 공짜다.

친절한 태도, 진심 어린 조언, 그리고 얼굴빛에서 드러나는 따뜻한 격려, 이 세 가지는 우리에게 비용을 요구하지 않지만, 받는 이에게는 언제나 큰 힘을 준다.

물질적인 도움을 주지 못할 때 우리는 무력감을 느끼기 쉽지만, 사실 상대에게 가장 필요한 것은 마음에서 나오는 배려일지 모른다.

길에서 건네는 미소, 힘든 친구에게 전하는 따뜻한 조언, 대화를 들으며 보여주는 신뢰의 표정이야말로 우리가 언제든 내어줄 수 있는 최고의 자산이다. 그것들은 아무리 써도 줄어들지 않고 쓸수록 오히려 더 풍성해진다.

냉정한 거래와 계산이 지배하는 이 시대에도 예의와 친절은 신뢰를 쌓고 공동체를 살리는 보이지 않는 힘이다. 물질은 소모되지만 마음과 태도는 그대로 남는다.

사정상 지갑을 여는 게 어렵더라도 마음을 여는 것에는 결코 인색하지 말자.

---

niggardly[nígərdli]: 인색한, 지나치게 아끼는 / **courtesy**[kə́ːrtəsi]: 예의, 공손함, 친절 / **counsel**: 조언, 충고 / **countenance**[káuntənəns]: 얼굴, 표정, 격려(표정으로 드러내는 지지, 호의적인 태도)

부드럽고 뼈조차 없지만

Man's tongue is soft, and bone doth lack;
Yet a stroke therewith may break a man's
back.

사람의 혀는 부드럽고 뼈조차 없지만,
그것으로 내려치는 한마디는 사람을 무너뜨릴 수 있다.

뼈도 없고 부드럽기까지 한 혀가 칼날보다 날카롭고 깊은 상처를 남긴
다. 물리력보다 언어의 폭력이 더 치명적인 이유는 몸의 상처는 아물어
도 마음의 그것은 평생 남기 때문이다.

무심코 던진 말 한마디는 누군가의 자존감을 꺾거나 인생마저 송두리째
무너뜨릴 수 있다. 특히 온라인 공간에서 쏟아내는 말들은 곧장 퍼져나
가 상대의 의지를 꺾는 흉기가 된다.

혀는 부드럽지만 그 힘은 강하다. 그래서 우리에겐 말을 다스려야 할 책
임이 따른다. 한마디를 내뱉기 전, 그것이 상대를 죽일지 살릴지를 먼저
생각하는 습관이야말로 지혜의 시작이다.

---

doth[dʌθ, dəθ]: does. 고어체 / **therewith**: 그것으로, 그것을 가지고 / **break a man's back**:
(직역으로는) 허리를 꺾다, 등을 부러뜨리다. (비유적으로는) 사람을 무너뜨리다, 의지를 꺾다

Many complain of their Memory, few of their Judgment.

자신의 기억력을 탓하는 사람은 많아도 판단력을 탓하는 사람은 드물다.

많은 이들이 자신의 기억력에 대해서는 쉽게 말한다. "원래 건망증이 좀 있어", "노화 때문인 것 같아", "업무상 술자리의 후유증이야"라고 하면서 말이다.

하지만 잘못된 판단으로 인한 문제 앞에서는 "내가 잘못 판단했다"라고 고백하지 않는다.

기억력은 유전자, 업무환경 등 수많은 외부 영향의 탓으로 돌릴 수 있지만, 판단력은 지성과 성품의 영역이기 때문이다.

그래서 사람들은 기억력 탓을 하며 체면을 지키려 하고, 판단의 오류는 외면한다. 하지만 성장으로 가는 길은 언제나 자신의 판단을 돌아보는 성찰의 과정에서 열린다.

잠언은 묻는다. "그대는 지금 무엇을 탓하고 있는가. 기억력인가, 판단력인가." 스스로에 대한 성찰은 불편하지만, 나를 지키는 가장 확실한 길이다.

---

complain of~: ~에 대해 불평하다, ~을 탓하다

그대, 상처에 끌려다니지 말길!

Christianity commands us to pass by Injuries; Policy, to let them pass by us.

기독교는 모욕을 용서하라 하고, 세상의 지혜는 그것을 무심히 흘려보내라 한다.

'용서'는 내면의 자유를 지키는 미덕이자, 복수의 악순환을 끊는 길이다. 반면 '무심히 흘려보내기'는 덕보다는 실리의 문제다. 모욕과 상처에 일일이 대응하는 것은 또 다른 손실을 부른다. 그러니 차라리 무시하라는 것이다.

종교적 용서는 신앙과 덕의 실천이지만, 세속적 무시는 계산된 생존의 지혜다. 그런데 두 가지 태도는 모두 '모욕에 휘둘리지 않는 자유'를 향한다.

이 두 길 모두 우리 삶에 유효하다. 누군가는 신앙과 신념의 힘으로 마음을 다스려 용서하고, 누군가는 현실적 계산으로 무시하고 넘어간다. 중요한 것은 모욕과 상처에 얽매여 스스로를 소모하지 않는 것이다.

잠언은, 용서를 하든 무심히 흘려보내든, 자신의 자유를 상처와 모욕에서 지켜내라고 한다.

---

injury: 모욕, 모함, 해(害) / **pass by**: 스쳐 지나가다, 눈감아주다 / **to pass by Injuries**: 받은 모욕을 눈감아주다. 맥락상, 용서하다 / **policy**: 세상살이의 지혜, 처세술, 책략. 오늘날에는 흔히 '정책'의 뜻으로 쓰임

인간은 참 이상한 생물이다

Mankind are very odd Creatures: One Half censure what they practise, the other half practise what they censure; the rest always say and do as they ought.

인간은 참 이상한 생물이다. 절반은 자신이 하는 일을 비난하고, 또 다른 절반은 자신이 비난하는 일을 하며, 나머지는 마땅히 해야 할 말과 행동을 한다.

인간은 자신을 속이는 데 놀라운 재능을 가지고 있다. 누구는 자신이 하는 일을 비난하고, 또 누구는 자신이 비난하던 그 일을 아무렇지도 않게 한다. 말과 행동이 일치하는 사람은 극히 드물다. 그래서 잠언은 인간을 '이상한 생물'이라고 부른다.

우리는 남의 모순적인 행위에는 예민하지만, 자신의 모순에는 둔감하다. 남의 잘못을 비판할 때는 정의의 화신이 되지만, 정작 그 잘못을 자신이 저질렀을 때는 "사람이 그럴 수 있는 것 아니냐"며 합리화한다.

이 이중잣대는 인간의 본성일지 모른다. 그래서 그 본성을 자각하고 고치려는 노력 그 자체야말로 지혜이자 성숙함의 증거가 된다. 세상을 바로 세우는 건 거창한 이념이 아니라, 자기모순을 부끄러워할 줄 아는 소수의 양심 아닐까.

---

odd[ɑd/ɔd]: 기묘한, 이상한 / **creature**[kríːtʃər]: 생명체, 생물, 창조물, 피조물 / **censure**[sénʃər]: 비난하다, 헐뜯다 / **practise**: (미국식) practice

교만의 식탁

Pride dines upon Vanity, sups on Contempt.

교만은 점심에는 허영을, 저녁에는 경멸을 먹는다.

잠언은 교만의 식탁을 생생하게 묘사한다. 낮에는 허영으로 배를 가득 채운다. 사람들 앞에서 자신을 뽐내며 우쭐대지만, 그 허영은 실체 없는 공허한 한 끼에 불과하다. 그리고 저녁이 되면 남들의 차가운 시선과 경멸이 식탁에 오른다. 처음에는 달콤했으나 끝내는 쓰디쓴 맛으로 마무리된다.

교만은 잠시 자신을 높여주는 것 같지만, 결국 비웃음만 산다. 오늘날에도 SNS에서 자신의 성공을 과시하다가 비난을 사는 모습을 흔히 볼 수 있다. 순간의 허영은 '좋아요'를 부르지만, 그 뒤에는 냉소만 쌓인다.

하지만 겸손은 눈에 잘 띄지 않지만 시간이 지날수록 존경을 얻는다.

교만의 하루 식사에는 진정한 양식이 없다.

---

dine, sup: 당시에는 'dine'은 '정오 무렵의 정찬', 'sup'은 '저녁(가벼운 식사)'을 뜻했음 /
vanity[vǽnəti]: 허영심, 공허한 자기만족 / **contempt**[kəntémpt]: 경멸, 멸시

교양인의 조건

He is not well-bred, that cannot bear Ill-Breeding in others.

타인의 무례함을 견디지 못하는 자는 교양 있는 사람이 아니다.

타인의 거친 말이나 서툰 행동에 곧바로 불쾌감을 드러내는 사람은 사실상 자기 감정을 다스리지 못하는 것이다.

상대가 무례할 때 흔들리지 않고 평정을 유지하는 태도는 자신의 품격을 지켜낸다. 즉 무례함 앞에서도 흥분하지 않는 사람이야말로 교양을 갖춘 사람이라 할 수 있다.

직장이나 일상에서 불친절한 말이나 예의 없는 행동을 접할 때, 곧장 맞서 싸우기보다 차분히 받아넘길 수 있는 힘이 우리에겐 필요하다. 그래서 교양은 남에게 요구할 것이 아니라, 타인의 무례함에도 휘둘리지 않기 위해 스스로에게 요구해야 한다.

잠언은 말한다. 진짜 교양은 타인의 무례함 앞에서 비로소 드러나는 자기 절제이자 내적 품격이라고.

---

well-bred: wellbred(교양 있는, 예의 바른, 세련된). 당시에는 하이픈 연결이 일반적이었음. 'bred'의 원형은 'breed(양육하다, 키우다, 가르치다)'임 / **ill-breeding**: 교양 없음, 버릇없음, 무례함

살기 위해 먹는가, 먹기 위해 사는가

Eat to live, and live not to eat.

살기 위해 먹어라. 먹기 위해 살지 마라.

잠언은 단도직입적으로 묻는다. "그대는 삶에서 무엇이 수단이고 무엇이 목적인가?"

음식은 분명 생존의 도구일 텐데, 많은 이들이 삶의 의미를 먹는 즐거움에 둔다. 주객의 전도다.

우리는 때로 돈을 대하는 태도에서도 같은 오류를 범한다. 돈은 삶을 풍요롭게 하기 위한 수단이지만, 어느 순간 그것이 삶의 목표로 둔갑해버린다. 그 결과 삶은 끊임없는 결핍과 불안에 시달린다. 수단이 목적을 대신할 때, 삶은 왜곡된다.

음식은 살아가기 위해 꼭 필요하지만, 인생의 참된 목적은 더 나은 가치와 의미를 추구하는 데 있다. "살기 위해 먹고, 먹기 위해 살지 마라"는 잠언은 결국 수단과 목적의 자리를 바로잡으라는 요청 아닐까.

and: 당시에는 단순한 접속(앞뒤의 연결)뿐 아니라, 긍정과 부정의 대조, 즉 '~하고, ~하지 마라'처럼 윤리적 대비를 이루는 수사적 연결어로도 쓰였음

There is no little enemy.

하찮은 적은 없다.

우리는 보통 크고 강한 적은 경계하면서 작고 약한 적은 무시한다. 그러나 작은 불씨가 큰불을 일으키듯, 사소해 보이는 문제나 갈등이 삶을 뒤흔드는 화근이 될 수 있다.

잠언은 외부의 적에만 국한되지 않는다. 내면의 적, 곧 자만이나 게으름 같은 악덕도 무시하면 머지않아 큰 파국의 원인이 된다.

직장에서 쉽게 일어나는 작은 오해나 인간관계에서 무심코 보이는 작은 이기심도 별것 아닌 것 같지만, 반복되고 쌓이면 깊은 적대감과 갈등을 낳는다.

정치 영역이나 사회에서도 마찬가지다. 사소한 불공정이나 작은 거짓이 제때 다뤄지지 않으면, 큰 부패와 혼란으로 번져간다.

잠언은 경고한다. 하찮아 보이는 '적'이라도 우습게 여기는 순간, 우리는 이미 그 적에게 패배하고 있다. 세상에 하찮은 적이란 없다!

enemy: '적, 원수'만이 아니라, '병, 악덕, 해로움'까지 폭넓게 뜻함

그대의 입은 어디에 있는가

The heart of the fool is in his mouth, but the mouth of the wise man is in his heart.

어리석은 자는 입에 마음이 있지만, 지혜로운 자는 마음속에 입이 있다.

말은 때론 가장 날카로운 비수가 되고 때론 가장 따뜻한 선물이 된다.

어리석은 자는 마음이 곧장 입으로 튀어나와 버린다. 생각과 감정을 걸러내지 못하고 쏟아내니, 결국 자신과 상대를 모두 해친다.

지혜로운 자는 마음에 입이 있다. 말하기 전에 마음속에서 충분히 생각하고 절제하니, 그의 말에는 언제나 무게감이 있고 신뢰가 생긴다.

잠언은 오늘날에 더욱 절실하다. SNS에서 즉흥적으로 뱉어내는 한마디가 관계와 평판을 무너뜨린다. 하지만 충분히 숙성된 말은 짧아도 울림을 준다.

잠언은 묻는다. "그대의 입은 마음속에 있는가, 아니면 입술에 마음이 매달려 있는가." 그 차이가 어리석음과 지혜를 가르고, 삶의 격을 결정한다.

"이 모든 것에서
저를 구하소서!"

심술궂은 이웃과 뿌루퉁한 아내에게서,
무딘 바늘과 부러진 칼에서,
보증 선 일과 텅 빈 지갑에서,
연기가 거꾸로 새는 굴뚝과 거칠게 달리는 말에서,
무딘 면도칼과 지끈거리는 두통에서,
불편한 양심과 벌레 끓는 침대에서,
팔꿈치와 무릎을 찧는 아픔에서,
이 모든 것에서, 주여, 저를 구하소서.

From a cross Neighbour, and a sullen Wife,

A pointless Needle, and a broken Knife;

From Suretyship, and from an empty Purse,

A Smoaky Chimney and a jolting Horse;

From a dull Razor, and an aking Head,

From a bad Conscience and a buggy Bed;

A Blow upon the Elbow and the Knee,

From each of these, Good L—d deliver me.

---

cross neighbour: 까다롭거나 심술궂은 이웃 / **sullen**[sʌ́lən]: 무뚝뚝한, 뿌루퉁한, 성난 /
suretyship[ʃúərətiʃip]: 다른 사람의 빚이나 의무를 보증 서는 일 / **smoaky**: smoky. 고어체 /
chimney[tʃímni]: 굴뚝 / **jolt**[dʒoʊlt]: 갑자기 거칠게(덜컥거리며) 움직이다 / **aking**: aching.
고어체 / **buggy bed**: (빈대, 진드기 같은) 벌레가 끓는 침대 / **L—d**: Lord. 신성모독을 피하기
위한 중간 생략 표기 방식. 당시 관습에 따라, 신을 일컫는 표현을 완전히 쓰지 않고 모음 부분을
생략하는 형태로 표기함(예: G-d=God) / **deliver me**: 나를 구해 달라

심술궂은 이웃, 늘 심기가 불편한 아내, 무딘 바늘과 부러진 칼, 보증 선 빚과 텅 빈 지갑, 연기가 집안으로 역류하는 굴뚝과 거칠게 달리는 말, 무딘 면도칼과 지끈거리는 두통, 불편한 양심과 벌레가 들끓는 침대, 걸핏하면 어딘가에 찧어 짜증 나는 고통을 주는 팔꿈치와 무릎. 시의 화자는 이 모든 것에서 자신을 구원해 달라고 기도한다.

프랭클린은 지금 우리가 일상에서 겪는 작은 불편과 번거로움을 줄줄이 늘어놓으면서, 독자로 하여금 "맞아, 이런 것들이 사람을 지치게 하지" 하고 공감하게 만든다. 그러면서 행복의 적은 엄청난 불행이 아니라, 끊임없이 반복되는 일상의 작은 고통임을 일깨운다.

인간은 큰 재난 앞에서는 오히려 용기를 낸다. 하지만 사소한 불편 앞에서는 쉽게 짜증과 화를 낸다. 작은 불편이야말로 인내와 평정심을 가장 많이 요구한다는 역설이 여기 담겨 있다.

오늘날에도 가장 바쁠 때 울리는 광고성 문자 알림, 쉽게 고장 나는 전자기기, 매일 반복되는 교통 체증, 회사와 가정에서 듣는 시시콜콜한 잔소리들이 우리 일상을 채운다. 모두 작은 불편들이지만 반복되고 쌓이면 큰 피로감을 준다. 결국 우리는 작은 것들을 다스리지 못해 행복을 놓친다. 우리에게 평정심의 지혜가 더욱 절실한 이유다.

7장

발은 헛디뎌도
혀는 헛디디지 마라

도울 방법이 없는 자

He that won't be counsell'd, can't be help'd.

충고를 들으려 하지 않는 자는 도울 길이 없다.

우리는 누구나 불완전하기에, 서로의 조언과 도움은 살아가는 데 필수적이다. 하지만 귀를 막아버린 사람에게는 그 조언과 도움이 닿지 않는다. 도움은 주려는 사람의 선의만으로는 이뤄지지 않는다. 받아들이는 자의 겸손함이 있어야 비로소 그 힘을 발휘할 수 있다. 아집과 교만에 사로잡힌 사람은 문제에 더 깊이 빠져들 뿐이다.

우리는 자신의 경험에서, 혹은 주변에서 비슷한 장면을 자주 목격한다. 조언을 무시하고 독단적으로 결정해 실패를 키우는 경우, 혹은 전문가의 경고를 외면하다가 더 큰 피해를 겪는 경우가 그렇다.

충고를 들을 줄 아는 겸손한 태도는 생존을 위한 필수적인 지혜다. 귀를 열 줄 아는 사람만이 도움을 받을 수 있다.

counsell'd, **help'd**: counselled(미국식 counseled), helped. 축약형

악습 유지 비용

What maintains one Vice would bring up two Children.

악습 하나를 유지하는 돈이면 아이 둘을 키울 수 있다.

잠언은 도박, 과음, 사치, 방탕 같은 나쁜 습관을 유지하는 데 들어가는 돈이면 아이 둘을 키울 수 있다고 말한다. 잘못된 욕망이 얼마나 우리 삶을 갉아먹을 수 있는지를 보여주는 풍자다.

'돈을 어디에 쓰느냐'는 아주 근본적인 질문이다. 악습에 쓰면 절망이 되고, 양육에 쓰면 미래가 되기 때문이다. 똑같은 비용이지만, 결과는 전혀 다르다.

결국 잠언은 우리에게 묻는다. "그대의 지갑은 후회를 키우고 있는가, 아니면 미래를 키우고 있는가." 습관적으로 어디에 지출하고 있느냐에 따라 우리 인생의 마지막 장면이 결정된다.

maintain: 지속시키다, 유지하다, (가족 등을) 부양하다 / **vice**: '악덕'뿐만 아니라 '습관적 비행, 방탕, 사치' 등을 모두 포괄하는 개념 / **bring up**: 양육하다

상처는 먼지에 새겨라!

Write Injuries in Dust, Benefits in Marble.

상처는 먼지에, 은혜는 대리석에 새겨라.

상처와 모욕을 먼지에 새겨 날려버리면 마음이 가벼워지고, 회복의 여지가 생긴다. 은혜와 도움은 대리석에 새겨 오래 간직해야 한다. 그것이 신뢰와 우정의 토대를 쌓는다.

하지만 인간의 본성은 늘 정반대로 움직인다. 우리는 상처는 오래 기억하고, 은혜는 쉽게 잊는다. 관계가 쉽게 무너지고, 공동체가 분열되는 이유다.

잠언은 이 본성을 거슬러 기억의 비중을 의도적으로 바꿔야 한다고 말한다. 상처는 먼지처럼 털어내고 은혜는 깊이 새기는 태도야말로 관계를 단단하게 묶고, 우리 삶을 더 풍요롭게 만든다.

어떤 기억을 오래 붙들고 살 것인가는 결국 우리의 선택이다.

---

injury: 상처, 모욕, 모함, 부당한 대우 / **benefit**: 은혜, 호의, 선행. 보통은 '혜택'의 뜻으로 쓰임 /
marble: 대리석

What is Serving God? 'Tis doing Good to Man.

신을 섬긴다는 건 무슨 뜻인가? 사람에게 선을 행한다는 뜻이다.

잠언은 신앙의 본질을 묻고 있다. 예배와 의식이 아무리 화려해도, 그것이 이웃을 향한 선으로 이어지지 않는다면 공허하고 위선적인 외식(外飾)에 불과하다. 신앙의 진정성은 제단 앞이 아니라, 사람 사이에서 증명되어야 한다.

잠언은 종교에 대해 말하는 듯하지만 실은 보편적인 윤리를 강조한다. 신을 향한 사랑과 경외심은 결국 인간에 대한 선으로 환원되어야 하기 때문이다.

그래서 신앙이든 철학이든 신념이든, 그것이 이웃을 외면하는 순간 스스로 자기모순을 드러내는 것이다.

결국 신을 섬긴다는 것은 하늘만 바라보는 것이 아니라, 곁에 있는 사람을 향해 손을 내미는 것이다.

---

serving God: 예배에 국한되지 않고, 삶 속에서 신의 뜻을 따르는 전반적 행위를 의미함 / **doing Good to Man**: 인류에게 선을 베푸는 것

발은 헛디뎌도 혀는 헛디디지 마라

A Slip of the Foot you may soon recover: But a slip of the Tongue you may never get over.

발을 헛디디면 곧 회복할 수 있지만,
혀를 헛디디면 평생 회복하지 못할 수 있다.

발의 실수는 넘어지는 이에게만 잠시 아픔을 주지만, 혀의 실수는 자신은 물론 타인의 마음에도 아물지 않을 깊은 상처를 남긴다. 그래서 지혜로운 이는 발걸음을 살피는 것 이상으로, 혀의 움직임 하나하나에 더욱 신중을 기한다.

순간적인 말실수나 분노에 휘둘린 비수 같은 언어는 한순간에 관계를 무너뜨린다. SNS 시대인 오늘날, 한 번 뱉은 말은 공기 중으로 흩어지지 않고 기록으로 남아 순식간에 퍼지면서 되돌릴 수 없는 결과를 낳는다. 그래서 신중한 침묵이, 한 박자 느린 반응이 오히려 더 요청되는 시대다. 잠언은 말의 무게를 다시 한번 일깨운다.

---

slip: 미끄러짐, 헛디딤, 실수, 과오 / **recover**: 회복하다, 되찾다 / **slip of the tongue**: 말실수, 부주의한 발언, 실언 / **get over**: 극복하다, 회복하다

DAY 066

비밀을 대하는 두 가지 태도

It is wise not to seek a Secret, and Honest not to reveal it.

비밀을 캐지 않는 것이 현명함이고, 비밀을 밝히지 않는 것이 정직함이다.

사람들은 흔히 누군가의 비밀을 캐내어 알고 있다는 것에서 우월감을 느끼려 한다.

하지만 잠언은 그 호기심 자체가 어리석다고 말한다. 몰라도 되는 것을 굳이 파헤치면 관계는 깨지고, 신뢰는 무너진다.

반면, 누군가 내게 비밀을 털어놓는다면 그것은 정보의 공유가 아니라 신뢰의 표시다. 그 신뢰를 지키는 것이 정직이다.

비밀을 지킨다는 것은 우리에게 허락한 상대의 마음을 보호하고 아끼는 지혜로운 태도다.

우리는 어리석은 호기심으로 타인의 울타리를 허물고 있는가, 아니면 지혜로운 침묵으로 신뢰를 단단히 세우고 있는가.

---

seek: 찾다, 추구하다 / **reveal**[rivíːl]: 드러내다, 폭로하다, 밝히다

Love your Neighbour; yet don't pull down your Hedge.

이웃을 사랑하라. 그러나 울타리는 허물지 마라.

우리는 서로 도움을 주고받으며 살아야 하지만, 그렇다고 서로 간의 경계와 거리를 완전히 없애서는 안 된다. 울타리가 사라지면 존중은 간섭으로 바뀌고, 호의는 권리로 여기게 된다.

잠언은 사랑과 경계가 모순되지 않음을 보여준다. 진정한 사랑은 거리를 없애는 것이 아니라, 건강한 울타리로 서로를 보호해주는 것이다.

울타리가 있기에 서로를 존중할 수 있고, 그 안에서 나누는 친절은 더 순수해진다. 무조건적인 개방은 서로가 서로를 부담으로 여기게 만든다.

이웃 사랑은 울타리와 함께할 때 더 오래간다.

---

neighbour: (미국식) neighbor(이웃) / **hedge**[hedʒ]: 울타리 / **pull down**: (물리적으로) 허물다, (은유적으로) 경계를 없애다

Would you persuade, speak of Interest, not of Reason.

설득하고 싶은가? 그렇다면 이성이 아니라 이익에 대해 말하라.

인간은 스스로 합리적인 존재라 자부하지만, 현실에서 최종 선택으로 이끄는 것은 논리보다 이해관계다.

우리는 정의나 진리 앞에서 고개를 끄덕이지만, 행동은 늘 손익 계산에 따라 달라진다.

치열했던 논쟁은 이성적 타당성이 아니라 이익 계산표 앞에서 마침표를 찍는다. 이성은 명분을 위한 장식일 뿐, 실제 행동으로 이끄는 것은 언제나 이익이다.

잠언은 이러한 인간의 행태를 비난하기보다는 현실을 직시한다. 인간을 움직이는 동기의 뿌리를 이해해야 한다는 것이다. 설득의 목적은 결국 상대의 손과 발을 움직이게 하는 데 있기 때문이다.

이익 없는 이성은 공허하고, 이성 없는 이익은 위험하다. 진정한 설득의 지혜는 이 둘의 교차점을 포착하는 데 있을 것이다.

Would you persuade: 설득하고 싶다면, 설득하고 싶은가? / **speak of~**: ~에 대해 말하다 / **interest**: 이익, 이해득실, 경제적 실리 / **reason**: 이성, 논리

아이에게 반드시 가르쳐야 하는 것

Teach your child to hold his tongue, he'l learn fast enough to speak.

아이에게 말을 아끼는 법부터 가르쳐라. 말하는 법은 금세 배운다.

아이에게 먼저 가르쳐야 할 것은 말의 기술이 아니라, 절제와 침묵의 지혜다.

말하는 법은 아이 스스로 빠르게 익힌다. 그러나 침묵하는 법, 곧 말을 삼가는 태도는 의도적으로 가르쳐주지 않으면 배우지 못한다.

말은 인간을 가장 인간답게 만들지만, 동시에 금수만도 못한 수준으로도 끌어내린다. 혀는 너무나 가볍게 움직이지만, 그 결과는 무엇보다 무겁다.

말이 넘쳐나는 세상에서 침묵은 귀하다. 침묵은 그냥 입을 닫고 있는 게 아니다. 언제, 무엇을, 어떻게 말해야 할지를 선택할 수 있는 능력이다.

잠언은 결국 교육의 본질을 묻는다. 우리는 아이의 미래를 위해 무엇을 가르쳐야 하는가? 침묵을 가르치는 일은 아이의 삶 전체를 지켜내는 지혜의 초석을 세우는 일이다.

---

hold one's tongue: 침묵하다, 말을 삼가다 / **he'l**: he'll(he will). 고어체. 당시에는 이중 자음(l+l) 생략이 흔했음(예: he'l, we'l, you'l 등). 조판 공간 절약과 발음상 차이의 미미함 때문에 이런 표기가 사용됨 / **fast enough**: 충분히 빨리, 곧

어리석음의 세 단계

The first Degree of Folly, is to conceit one's self wise; the second to profess it; the third to despise Counsel.

어리석음의 첫 단계는 스스로 현명하다고 착각하는 것이고, 두 번째는 그것을 공공연히 말하는 것이며, 세 번째는 충고를 무시하는 것이다.

어리석음에도 단계가 있다.

첫째, 스스로 현명하다고 착각하는 것이다. 둘째, 그 착각을 숨기지 않고 남에게 떠벌리는 것이다. 셋째, 남의 충고를 무시하는 것이다.

어리석음은 단순한 무지가 아니라, 자기 확신과 아집 속에서 점점 더 깊어지고 단단해지는 악덕이다.

지혜로운 자는 자신이 모른다는 사실을 안다. 반면 어리석은 자는 스스로 현명하다고 착각하고, 그것을 자랑하며, 결국 타인의 말에 귀를 닫는다.

우리는 누구나 자신이 옳다고 믿고 싶어 한다. 그러나 그 믿음이 굳어질 때, 어리석음은 완성된다.

지혜는 지식의 양이 아니라, 끝없이 배우고 들을 수 있는 겸손함에서 나온다. 충고를 무시하는 순간, 인간은 더 이상 성장하지 않는다.

---

degree: 정도, 단계 / **conceit**[kənsíːt]: 스스로 ~라고 생각하다, 우쭐대다. 명사로는 '자만심'을 뜻함 / **profess**: 공언하다, 고백하다 / **despise**: 경멸하다, 무시하다 / **counsel**: 조언, 충고

각자 아는 것만 믿는 세상

한 마을이 포위 공격을 걱정하며 회의를 열었네,
어떻게 방어해야 가장 좋을지를 두고서.
노련한 석공이 진지한 표정으로 말했지,
"우리 터전을 지켜줄 건 돌뿐이오."
이에 목수가 말했지. "그 말도 일리는 있지만,
나는 참나무가 더 낫다고 보오."
그러자 이 둘을 합친 것보다 더 '현명하다'는 무두장이가 외쳤어.
"뭘 해보든 상관없소. 그래도 가죽만 한 건 없지!"

Every Man for himself, &c.

A Town fear'd a Siege, and held Consultation,
What was the best Method of Fortification:
A grave skilful Mason declar'd his Opinion,
That nothing but Stone could secure the Dominion.
A Carpenter said, Tho' that was well spoke,
Yet he'd rather advise to defend it with Oak.
A Tanner much wiser than both these together,
Cry'd, Try what you please, but nothing's like Leather.

프랭클린은 풍자시를 통해 집단이 얼마나 쉽게 어리석음에 갇히는 지를 보여준다. 마을 사람들이 성을 지키기 위해 머리를 맞댔지만, 각자 자신이 아는 재료만이 답이라고 고집한다. 석공은 돌, 목수는 나무, 무두장이는 가죽. 결국 회의는 협력의 장이 아니라, 각자 자기 세계만 이야기하는 독백의 자리로 전락한다.

이 이야기는 인간 인식의 한계를 드러낸다. 우리는 세상을 객관적으로 보는 듯하지만, 실제로는 각자의 경험과 이해관계라는 좁은 틀 안에서만 판단한다. 그래서 모두가 옳은 말을 하는 것 같지만, 합쳐 놓으면 부조리한 결론만 남는다. 결국 망치를 든 사람에게는 모든 것이 못으로 보일 뿐이다. 그래서 자기 전문성만을 밀어붙이는 것이 아니라, 다른 이의 눈을 빌려 세상을 더 넓게 보는 지혜가 절실한 것이다.

회사 회의실에서도, 사회 문제를 다루는 공론의 장에서도, 사람들은 자기 영역의 관점에서만 답을 내놓는다. 하지만 복잡한 현실은 하나의 관점으로 해결되지 않는다. 돌만으로는, 참나무만으로는, 가죽만으로는 성을 지킬 수 없듯이, 우리의 삶도 어느 하나의 해법만으로는 지켜낼 수 없다. 한 가지 시각에 갇히지 않고 여러 시각을 모아낼 수 있을 때 비로소 길이 보인다.

every man for himself: 각자 제 일은 제가 알아서 함, 각자도생 / **&c.**: etc.(et cetera). 고어체. 라틴어 et(and)를 '&'로 대체한 형태임 / **fear'd**: feared. 축약형 / **siege**[siːdʒ]: 포위 공격 / **consultation**: 회의 / **fortification**[fòːrtəfikéiʃən]: 방어 시설, 요새화, 성채 건축 / **declar'd**: declared(declare, 의견을 밝히다). 축약형 / **grave**: 진지한, 근엄한 / **skilful**: (미국식) skillful(숙련된) / **mason**[méisən]: 석공 / **secure the Dominion**: 영토(지배권)를 안전하게 지키다 / **tho'**: though(~이긴 하지만). 축약형 / **spoke**: spoken. 축약형 / **tanner**: 무두장이(가죽 장인)

8장

_____ ❧ _____

소원,
함부로 빌지 마라

You may delay, but Time will not.

그대는 미룰 수 있지만, 시간은 기다려주지 않는다.

우리는 일을, 결정을, 변화를 뒤로 미룰 수 있다. 그러나 시간은 우리를 기다려주지 않는다. 우리가 멈춰 있어도 시간은 흐르고, 날과 해는 하나씩 사라져간다. 시간은 한순간도 멈추는 법이 없다.

우리는 언젠가 할 수 있다고 생각하지만, 그 언젠가는 결코 보장되지 않는다. 미룰 때마다 삶의 자산은 줄어들 뿐이다. 젊음은 늙음으로, 기회는 상실로, 가능성은 후회로 바뀐다.

시간은 우리의 선택에 대해 그저 무심하다. 흘러가기만 할 뿐, 결코 되돌아오지 않는다.

우리는 시간의 흐름을 제어할 수 없지만, 활용할 수는 있다. 미루는 순간, 우리는 이미 그 시간을 잃었다. 하지만 행동하는 순간, 우리는 시간을 얻는다. 시간은 지체하지 않는다. 지체되는 것은 오직 우리의 삶뿐이다.

---

delay: 미루다, 지체하다 / **Time will not**: 시간은 그렇게 하지 않는다(즉, 기다려주지 않는다)

법은 거미줄이다

Laws like to cobwebs catch small Flies, Great ones break thro' before your eyes.

법은 거미줄과 같아서 작은 파리만 걸린다.
큰 놈들은 눈앞에서 버젓이 뚫고 지나간다.

300년 전이나 지금이나, 법은 그저 '거미줄' 정도의 비유로 충분하다.
힘없고 약한 자들만 법망에 걸려 처벌받는다. 그러나 큰 벌레들은 거미
줄을 뚫고 지나간다.
결국 법은 보편적 정의의 도구가 아니라, 힘의 크기에 따라 다르게 작동
하는 불완전한 수단으로만, 그때나 지금이나 풍자될 뿐이다.
법이 약자에게만 강력하고 강자에게는 늘 초라하다면, 그것은 더 이상
정의의 울타리가 아니다. 법은 형식적으로는 모두에게 평등하지만, 실
제로는 힘의 불균형 앞에서 그때그때 다른 얼굴을 드러낸다.
잠언은 그때나 지금이나 여전히 불편하고 슬픈 현실을 지적한다.

like to: like(~처럼, ~와 같이). 고어적 용법 / **cobweb**[kábwèb/kɔ́b-]: 거미줄 / **break thro'**: break through(뚫고 나아가다). 축약형 / **before your eyes**: 눈앞에서 버젓이, 대놓고, 공공연히

소원, 함부로 빌지 마라

If man could have Half his Wishes, he would double his Troubles.

바라는 것의 절반만 이루어져도, 골칫거리는 두 배로 늘어난다.

우리는 원하는 것만 얻으면 행복해질 거라 믿지만, 정작 그 소망의 절반만 이루어져도 삶은 두 배의 짐을 짊어지게 된다.

이유는 간단하다. 우리가 바라던 게 꼭 우리에게 유익한 것은 아니었기 때문이다.

잠언은 욕망의 자기 파괴성을 이야기하고 있다. 우리는 우리에게 좋은 것을 원한다고 믿지만, 실상은 해로운 것을 바라고 있을 때가 많다.

부를 원하지만 그 부는 불안을 낳고, 권력을 원하지만 그 권력은 적을 부른다. 소망이 성취될수록 오히려 고통은 깊어진다.

우리를 무너뜨리는 것은 어쩌면 바라던 바의 성취일 수 있다. 지혜란 욕망의 성취에 있지 않고, 그 본질을 꿰뚫어 보는 데 있다.

잠언은 묻는 듯하다. "그대는 그대의 소망을 감당할 수 있겠는가?"

Half his Wishes: 바라는 것의 절반 / **double his Troubles**: 문제나 골칫거리를 배로 만들다

일찍 자고 일찍 일어나라

Early to bed and early to rise, makes a man healthy wealthy and wise.

일찍 자고 일찍 일어나라. 그러면 건강하고 부유하고 현명해진다.

"일찍 자고 일찍 일어나라." 너무나 평범한 말처럼 들릴지 모른다. 하지만 이는 삶의 리듬을 스스로 다스릴 수 있는 자만이 건강과 부, 지혜를 얻는다는 통찰을 담고 있다. 시간을 주도적으로 관리하는 능력이 곧 인생을 지배하는 힘이다.

첫째, 건강은 규칙적인 리듬에서 나온다. 둘째, 부는 시간을 흘려보내지 않고 활용하는 습관에서 생긴다. 셋째, 지혜는 지식이 아니라, 시간을 존중하는 태도에서 길러진다.

잠언은 결국 시간을 어떻게 쓰느냐가 인생의 성패를 좌우한다고 말한다. 늦잠이 문제가 아니라, 시간을 흘려보내는 태도가 문제다.

'일찍 자고 일찍 일어나라'는 상징적 조언은, 시간을 관리함으로써 자기 삶을 다스리라는 요구다. 건강도, 부도, 지혜도 결국 시간의 주인이 될 때 따라온다.

---

healthy wealthy and wise: 쉼표 없이 나열된 삼중리듬 구조. 당시에는 리듬과 운율을 살리기 위해 쉼표를 생략하는 경우가 많았음

겸손의 세 가지 얼굴

To be humble to Superiors is Duty, to Equals Courtesy, to Inferiors Nobleness.

윗사람에게 겸손한 것은 의무요, 동료에게 겸손한 것은 예의요, 아랫사람에게 겸손한 것은 고귀함이다.

윗사람에게 보이는 겸손은 의무다. 힘의 관계에서 오는 강제력이다. 동료에게 보이는 겸손은 예의다. 서로를 존중하며 균형을 이루려는 관계의 윤리다.

하지만 아랫사람에게 보이는 겸손은 다르다. 그것은 오직 고귀함에서 비롯된다.

겸손은 같은 행위처럼 보이지만, 그 동기와 맥락에 따라 전혀 다른 의미를 갖는다. 특히 아랫사람에게 보이는 겸손은 자신의 지위나 힘을 절제할 줄 아는 성숙함에서 나온다. 인격이자 품격이다.

잠언은 겸손을 통해 인간의 진짜 크기를 말한다. 윗사람과 동료에게 겸손한 것은 당연하고 필요한 태도다. 하지만 아랫사람에게 겸손할 줄 아는 사람은 진정으로 고귀하다. 고귀한 겸손은 힘을 다스릴 줄 아는 능력에서 비롯된다.

---

humble: 겸손한 / superiors, equals, inferiors: 윗사람, 동료, 아랫사람. 사회적 관계에서의 상대적 위치를 의미함 / duty: 해야만 하는 의무, 도덕적 책임 / nobleness: 귀족적 고결함, 고귀함

'현자의 돌'은 어디에 있는가

If you know how to spend less than you get, you have the Philosophers-Stone.

버는 것보다 적게 쓰는 법을 안다면 현자의 돌을 가진 셈이다.

수많은 연금술사가 납을 금으로 만드는 '현자의 돌'을 찾아 헤맸지만, 그것은 멀리 있지 않았다. 버는 것보다 적게 쓰는 것, 그것이 곧 부를 만들고 삶을 지탱하는 가장 확실한 비밀이다.

절약은 금전 관리의 기술을 넘어 욕망을 다스리는 철학이다.

수입보다 많은 지출은 결핍과 불안을 낳지만, 절제된 소비는 작은 수입에도 안정과 자유를 보장한다. 연금술이 물질을 바꾸려 했다면, 절약은 인생을 바꾼다.

진정한 부는 더 많이 버는 데 있지 않고, 덜 쓰는 데 있다. 수입의 크기가 아니라, 그것을 다루는 태도가 인생을 결정한다.

욕망을 절제할 줄 아는 순간, 우리는 이미 현자의 돌을 손에 쥔 셈이다.

---

get: 벌다, 수입을 얻다 / **Philosophers-Stone**: philosopher's stone(현자의 돌). 고어체. 하이픈 결합어로, 소유격('s)이 생략된 형태. '현자의 돌'은 납을 금으로 바꾼다고 전해지는 신비의 물질로 중세 연금술의 목표였음

배신당하지 않는 법

Trust thy self, and another shall not betray thee.

그대 자신을 믿어라. 그러면 타인도 그대를 배신하지 못할 것이다.

―――――

자기 신뢰가 약한 사람은 타인에게 의존하게 된다. 그러면 타인의 작은 변화조차 배신으로 느끼게 되고, 그 상처는 깊게 남는다.

하지만 자신을 신뢰하고 존중하는 사람은 타인과의 거리를 건강하게 유지하기에, 배신의 가능성 자체가 낮아진다.

이렇듯 잠언은 신뢰의 순서를 새롭게 규정한다. 먼저 자기 자신부터 신뢰해야 한다고. 배신이 두렵다면, 자기 안의 공허함부터 채워야 한다고.

배신은 타인의 행위에서 비롯되지만, 그 충격의 크기는 내 안의 의존성이 결정한다. 결국 배신을 당하지 않고, 또 배신의 충격으로 무너지지 않는 가장 확실한 길은 자기 자신을 믿어주는 데 있다.

thy self: yourself. 고어체 / **betray**[bitréi]: 배신하다

분노가 위험한 이유

Anger is never without a Reason, but seldom with a good One.

이유 없는 화는 없지만, 그 이유가 정당한 경우는 거의 없다.

화는 언제나 그 이유와 근거를 댄다. 누군가의 불친절한 말, 불공평한 상황, 사소한 불편까지, 화는 어디서든 자신의 이유를 가져온다.

그러나 그 이유가 정당한 경우는 드물다. 대부분의 화는 상처 입은 자존심, 어긋난 기대, 혹은 자기중심적 해석에서 비롯된다.

문제는 바로 여기에 있다. 화가 특히 위험한 까닭은, 설득력과 정당성이 없는 것이 폭발적인 힘을 얻기 때문이다. 이성의 통제가 사라지면, 그 힘은 너무나 쉽게 폭력과 파괴로 번져나간다.

잠언은 말한다. 화를 다스리려면, 먼저 그 이유가 타당한지부터 스스로 물어봐야 한다고. 그 검증의 시간이야말로 우리를 감정의 종이 아닌 주인으로 만들어준다.

---

reason: 이유, 근거 / **seldom**: 드물게, 거의 ~하지 않는

세상에서 가장 치명적인 낭비는?

Idleness is the greatest Prodigality.

게으름만큼 큰 낭비는 없다.

흔히 '낭비'라 하면 돈이나 자원을 함부로 쓰는 것을 떠올린다. 그런데 잠언은 그보다 더 심각한 낭비가 게으름이라고 말한다.

게으름은 아무것도 하지 않는 것처럼 보이지만, 사실은 인생에서 가장 귀한 자산인 시간을 탕진하고 있다.

게으름은 성장의 가능성을 앗아가고, 능력을 갉아먹으며, 삶을 공허하게 만든다. 게으름이 재산을 낭비하는 것보다 훨씬 더 치명적인 이유다.

인생에서 낭비를 피하고 싶다면 무엇보다 게으름을 경계해야 한다. 절약이 재산을 지키듯, 부지런함은 시간을 지킨다. 시간을 지키는 것이야말로, 우리 인생을 지키는 가장 확실한 길이다.

---

idleness: 게으름, 무위 / **prodigality**[prɑ̀dəɡǽləti]: 낭비, 방탕, 사치

비난의 쓸모

The Sting of a Reproach, is the Truth of it.

비난이 아픈 이유는 그 속에 진실이 있기 때문이다.

비난은 왜 아플까? 말이 거칠어서도, 공격적이어서도 아니다. 그 속에 우리가 인정하기 싫은 진실이 섞여 있기 때문이다.

엉뚱하고 터무니없는 비난은 쉽게 무시할 수 있지만, 진실이 담긴 비난은 마음을 깊이 찌른다. 그 아픔이야말로 진실이 우리가 만든 보호막을 뚫고 들어왔다는 증거다.

잠언은 말한다. 그렇기에 비난을 대하는 태도가 곧 진실을 대하는 태도라고.

회피하고 외면하려는 마음은 우리를 눈멀게 할 뿐이다. 고통 속에 담긴 진실을 직면할 때 비로소 또 하나의 성장이 시작된다.

뼈아픈 비난은 우리를 무너뜨리는 것이 아니라, 스스로 돌아보게 하는 거울이다.

sting: 쏘는 것, 찌르는 것, 날카로운 통증 / **reproach**[ripróutʃ]: 비난, 꾸짖음 / **the Truth of it**: the truth in it. 당시에는 'of'의 활용 범위가 넓었음

백 번을 살 것처럼
모으지만

구두쇠는 언제쯤 자기 궤짝이 가득 찼다고 느낄까?
언제까지 그는 자루가 터지도록 계속 채울까?
낮에는 일하고 밤에는 궁리하며
마치 백 번을 살 것처럼 모으지만
끝없는 걱정이 그의 생명을 갉아먹는다.
나는 수종병으로 부은 사람을 보았지.
마시고 또 마셔도 갈증이 가시지 않아,
마시다 죽었는데도 여전히 목마른 채지.

When will the Miser's Chest be full enough?
When will he cease his Bags to cram and stuff?
All Day he labours and all Night contrives,
Providing as if he'd an hundred Lives.
While endless Care cuts short the common Span:
So have I seen with Dropsy swoln, a Man,
Drink and drink more, and still unsatisfi'd,
Drink till Drink drown'd him, yet he thirsty dy'd.

miser[máizər]: 구두쇠 / **chest**: 대형상자, 궤짝 / **cram and stuff**: 억지로 꾸역꾸역 채워 넣다 / **contrive**[kəntráiv]: 연구하다, 궁리하다 / **provide**: (고어로) 미리 준비하다, 마련하다. 현재는 '제공하다'가 기본 뜻임 / **cut short**: 단축시키다, 망치다 / **the common Span**: 인간의 보통 수명. 여기서 'span'은 '길이'보다 '삶의 기간(lifespan)'을 뜻함 / **an hundred lives**: 당시엔 자음 'h' 앞에서도 'an'을 쓰는 경우가 있었음 / **dropsy**[drápsi]: 수종병(水腫病). 혈액 중 액체 성분이 신체 특정 부위에 차 몸이 붓는 병. 이 병의 환자는 끝없는 갈증에 시달리고 물을 마시면 더욱 목이 말라 증세가 심해짐 / **swol'n**: swollen(부어오른). 축약형 / **dy'd**: died. 축약형 프랭클린은 구두쇠의 역설을 풍자한다. 그는 낮에는 일하고 밤에는 궁리하며, 마치 백 번을 살 듯 재산을 모은다. 그러나 그의 금고는 결코 차지 않고, 자루는 채워도 채워도 비어 있는 듯하다. 끝없는 근심이 그의 삶을 좀먹고, 결국 그가 모은 재산은 삶을 지켜주기는커녕 오히려 갉아먹는다.

이 풍자시는 병든 욕망의 본질을 드러낸다. 프랭클린은 이를 수종병 환자에 비유한다. 물을 마시고 또 마셔도 갈증이 사라지지 않아, 결국 마시다 죽고도 여전히 목마른 채인 주검처럼, 구두쇠의 탐욕은 채우고 또 채워도 채워지지 않는다. 탐욕은 결핍을 채우는 힘이 아니라, 결핍을 영원히 증폭시키는 병이다.

프랭클린의 메시지는 분명하다. 욕망에 사로잡힌 삶은 결국 자기 자신을 파괴한다. 탐욕은 부를 약속하지만, 결코 허락하지 않는다. 늘 부족할 뿐이다.

9장

하늘이
돕는 자

필요 없는 것을 사다 보면 생기는 일

Buy what thou has no need of; and e'er long thou shalt sell thy necessaries.

필요 없는 것을 사라. 머지않아 꼭 필요한 것들을 팔게 될 것이다.

우리는 종종 필요와 욕망을 혼동한다. 욕망을 채우기 위해 지출을 반복하면, 결국 진짜 필요한 것을 못 사게 된다. '불필요한 것'이 쌓일수록 '필수적인 것'이 희생되는 것이다.

이는 돈의 문제만이 아니다. 집중력과 시간도 마찬가지다. 중요하지 않은 일에 에너지를 쏟으면, 소중한 관계나 자기 성장을 위한 기회를 팔아넘기게 된다.

광고와 SNS는 끊임없이 '지금 당장 사라'고 말한다. 하지만 지갑이 가벼워지는 것보다 더 치명적인 것은 삶의 우선순위가 뒤바뀌는 일이다.

잠언은 말한다. 필요 없는 것에 마음을 내어주지 말라고. 그렇지 않으면 '꼭 필요한 것'을 잃게 될 거라고.

---

thou, shalt[ʃælt]: you, shall. 고어체 / **thou has**: thou hast(현재의 you have). 고어체의 변이 형태. 당시에는 'hast' 대신 'has'가 쓰이는 경우가 있었음. 이는 문법 오류가 아니라 원문 그대로의 표기임 / **e'er long**: 머지않아, 곧(before long, soon). 고어체. e'er는 ever의 축약형으로 쓰일 때도 있으나, e'er long에서는 'ever'가 아니라 'ere(이전에)'의 변형임 / **necessaries**: 필수품, 생활에 꼭 필요한 것들

독서의 기술

Read much, but not too many Books.

많이 읽되, 책의 권수만 늘리지는 마라.

분명 책은 지혜로운 삶을 위한 최고의 수단 중 하나다. 하지만 '수단'이다. 맹목적인 축적의 대상이 아니다.

참된 독서는 텍스트를 '소비'하는 행위가 아니라, 내용을 소화하고 자기것으로 만들어 삶에 연결하는 과정이다.

그러나 '몇 권을 읽었다'며 숫자에만 집착하면 정작 깊은 사유는 사라지고, 얇은 껍데기로만 남게 된다. 지식이 많아질수록 그만큼 더 큰 통합의 과정과 성찰이 뒤따라야 한다.

오늘날 우리는 책, 기사, 영상 등 과거와는 비할 수 없게 쏟아지는 지식과 정보의 홍수 속에서 살아간다. 더욱 넓어진 지식의 바다에서 우리를 성장시키는 것은 결국 곱씹어 읽는 '깊은 독서'임을 기억해야 한다.

not too many Books: '책의 권수', 즉 '양'에 치중하지 말라는 의미

죽자마자 잊히고 싶지 않다면

If you wou'd not be forgotten
As soon as you are dead and rotten,
Either write things worth reading,
Or do things worth the writing.

잊히고 싶지 않다면
그것도 죽고 나서 얼마 안 되어,
읽을 만한 무언가를 글로 남기거나,
글로 남길 만한 무언가를 하라.

살다 간 누군가의 의미 있는 흔적은 타인의 기억과 기록 속에서 오래도록 살아남는다. 결국 그 흔적이 개인의 삶을 영속시킨다. 중요한 것은 그 흔적의 '질'이다.

글이라면 남을 일깨우고 생각하게 하는 내용이어야 하고, 행동이라면 타인의 삶에 선한 영향력을 끼치는 것이어야 한다.

잠언은 우리에게 '무엇을 남길 것인가'라는 실존적 질문을 던지고 있다. SNS 시대를 사는 우리는 누구나 글로 자신의 흔적을 남길 수 있게 되었다. 그래서 우리는 더욱 자문해봐야 한다. 내가 지금 남기고 있는 것은 문자의 나열인가, 아니면 기억될 만한 의미인가. 결국 잊히지 않는 삶이란, 자기 존재를 세상에 어떤 의미로 남길 것인가의 문제가 된다.

---

wou'd: would. 축약형 / **dead and rotten**: 죽어서 부패하다. 곧 '사망 직후'를 의미

DAY
084

숫자 0과 겸손의 공통점

A Cypher and Humility make the other Figures and Virtues of ten fold Value.

0이 다른 숫자의 크기를 키우듯, 겸손은 다른 미덕의 가치를 열 배로 높인다.

잠언은 겸손을 숫자 '0'에 비유한다.

혼자 놓이면 아무 값도 없지만, 다른 숫자 옆에 놓이면 그 가치를 열 배로 키우는 0. 겸손은 바로 그런 힘을 가지고 있다.

지혜, 용기, 절제 같은 미덕이 아무리 빛나도, 교만이 섞이면 곧 어리석음을 불러온다. 그러나 겸손이 그 곁을 지키면, 미덕은 열 배 더 빛난다.

지혜에 겸손이 놓이면 아는 체가 아니라 삶의 깊이가 되고, 용기에 겸손이 놓이면 무모함이 아니라 존경을 얻으며, 절제에 겸손이 놓이면 야박함이 아니라 품격이 된다. 겸손은 다른 덕목을 돋보이게 하는 배려심 깊은 조연이자 배경이다.

겸손은 비어 있는 듯 보이지만, 모든 미덕의 완성이다.

---

cypher[sáifər]: (미국식) **cipher**. 당시에는 '0(영)' 또는 '보잘것없는 사람'을 주로 뜻했으며, 오늘날에는 주로 '암호'를 뜻함 / **humility**: 겸손, 겸양 / **figure**: 숫자 / **ten fold**: tenfold(열 배의, 열 겹의). 고어체

그대는 지금 무엇을 팔고 있는가?

Sell not virtue to purchase wealth, nor Liberty to purchase power.

부를 얻겠다고 덕을 팔지 말고, 권력을 얻겠다고 자유를 팔지 마라.

덕은 우리 인생과 공동체의 토대이고, 자유는 인간 존엄의 마지막 보루라 할 수 있다.

하지만 우리는 종종 이 근본을 내팽개치고 눈앞의 이익을 좇는다. 그 결과 부와 권력은 부정과 부패의 상징이 되고, 벗어날 수 없는 굴레가 된다.

우리는 늘 '가치'와 '이익'을 거래하라는 유혹에 맞닥뜨린다. 하지만 진짜 문제는 어쩌면 계산의 결과가 아니라, 계산 그 자체일지 모른다. 덕과 자유는 거래의 대상이 될 수 없는 절대적 가치를 지니기 때문이다.

권력과 부를 얻기 위해 거짓과 불의에 동참하고, 자신의 자유의지를 내던지는 순간 우리는 이미 삶의 의미와 가치를 잃어버리게 된다.

잊지 말자. 덕과 자유는 우리 삶의 근간이며, 그것을 지킬 때에만 부와 권력, 그리고 자기 자신이 의미를 갖게 된다.

---

virtue: 덕. 도덕적 품성, 윤리적 가치, 선행 등 넓은 의미 / **liberty**: 자유. 정치적·사회적 자유까지 포함 / **purchase**: 사다, (무엇과) 맞바꾸다

결혼의 기술

Keep your eyes wide open before marriage, half shut afterwards.

결혼 전에는 눈을 크게 뜨고, 결혼 후에는 반쯤 감아라.

결혼은 삶 전체를 바꿔놓는 아주 중요한 선택이다. 그래서 잠언은 결혼 전에는 눈을 크게 뜨라고 말한다. 상대의 성품과 삶의 태도, 가치관 등을 충분히 살피지 않으면, 사소하다고 여겼던 작은 흠결이나 차이가 나중에는 큰 불행의 씨앗이 될 수 있기 때문이다. 그래서 사랑의 감정에 눈멀지 않고 냉정하게 살피는 지혜가 필요하다.

그러나 결혼 이후에도 눈을 크게 뜨고 모든 흠과 차이를 지적한다면 관계는 지속되기 어렵다. 인간은 누구나 부족하고 실수하는 존재다. 눈을 반쯤 감으라는 것은 상대의 단점을 덮어주고, 불완전함을 받아들이는 태도를 가지라는 뜻이다.

연애할 때는 객관적인 눈으로 상대를 알아가야 하고, 결혼 후에는 서로의 단점을 포용하는 지혜가 필요하다. 하지만 현실에서는 늘 정반대의 현상이 벌어진다.

현명한 선택과 너그러운 수용, 이 두 가지가 결혼 생활을 행복으로 이끄는 지혜로운 태도다.

half shut: 반쯤 감다

어리석은 말, 나쁜 침묵

As we must account for every idle word, so we must for every idle silence.

헛된 말에 책임을 져야 하듯, 무가치한 침묵에도 책임을 져야 한다.

사람들은 흔히 말실수에 대해서만 경고한다. 하지만 침묵 또한 경계의 대상이다.

경솔한 말이 관계를 무너뜨리듯, 말해야 할 순간의 침묵 역시 공동체를 파괴한다. 침묵 또한 적극적인 선택이며 그래서 책임이 따른다.

불의 앞에서 침묵하는 것, 친구가 잘못된 길로 가는데 모른 척하는 것, 필요한 위로를 외면하는 것, 이 모든 것은 의도된 침묵이다.

어리석은 말은 상처를 만들지만, 비겁한 침묵은 상처를 곪아 터지게 한다. 말하지 않은 죄는 때로 말실수보다 더 무겁다.

침묵으로 동조하거나 외면하는 태도는 쉽게 간과된다. 그러나 침묵이 길어질수록 피해는 커지고, 관계나 공동체는 더 깊은 상처를 입는다. 무가치한 침묵에는 책임이 따른다.

---

account for: ~에 대해 책임지다(심판받다), 해명하다 / **idle**: 헛된, 무익한, 무가치한. 일반적으로 '게으른, 한가한'의 의미로 쓰임

하늘이 돕는 자

God helps them that help themselves.

하늘은 스스로 돕는 자를 돕는다.

"하늘은 스스로 돕는 자를 돕는다."

잠언은 기도보다 앞서는 것이 스스로 도우려는 의지라고 말한다. 가만히 앉아 은혜만 기다리는 사람에게는 아무 일도 일어나지 않는다.

잠언은 인생의 근본 원칙을 말한다. 노력과 준비가 없는 사람은 어떤 기회가 와도 붙잡을 수 없다. 반대로 스스로 길을 열기 위해 움직이는 사람에게는 도움의 손길이 이어진다. 그 앞에서 세상이 열리는 것이다.

잠언은 인간의 자조(self-help)의 정신과 근면, 그리고 실천을 신성한 하늘의 질서와 연결했다. 그러니 운을 기다리지 말고, 도움의 손길을 기대하기 전에, 먼저 스스로 움직여야 한다. 스스로 돕는 순간, 하늘은 이미 움직이고 있다.

욕망을 다스리는 기술

'Tis easier to suppress the first Desire, than to satisfy all that follow it.

첫 욕망을 억누르는 것이 그 뒤에 따라오는 모든 욕망을 채우기보다 쉽다.

처음의 작은 욕망은 그래도 마음만 굳게 먹으면 억누를 수 있다. 하지만 한 번 터져 나온 욕망은 새로운 욕망을 불러들이며 끝없는 연쇄작용을 일으킨다. 욕망은 충족되면 사라지는 것이 아니라, 그 만족감을 미끼로 다음 욕망을 낳는다. 작은 불씨가 커다란 불길로 번지듯, 욕망은 한번 불 붙으면 감당하기 어렵다.

충동적 소비, 무분별한 쾌락, 끝없는 집착은 모두 작은 욕망에서 시작된다. 첫 갈망을 스스로 제어할 줄 안다면, 그 뒤를 이어 나올 무수한 욕망과 싸울 필요가 없다.

잠언은 말한다. 욕망을 다스리는 가장 확실한 방법은, 첫 불씨를 꺼버리는 것이라고.

suppress: 억제하다, 진압하다

부의 유효기한

If your Riches are yours, why don't you take them with you to t'other World?

재산이 정말 그대의 것이라면, 왜 죽을 때 저세상으로 가져가지 못하는가?

우리는 재산이나 부를 '내 것'이라 부르지만, '내 것'이란 말에는 사실 유효기간이 있다. 살아 있는 동안에만 쓸 수 있다. 죽음 앞에서 부는 언제나 주인을 바꾸고, 결국 누구도 끝까지 그것을 소유하지 못한다.

사람들은 재산이 영원할 것처럼 모으고 쌓지만, 죽음은 그 모든 노력을 한순간에 무력화시킨다.

그래서 재산의 양이 아니라, 재산에 대한 태도가 더 중요해진다. 부를 움켜쥐려는 자는 끝내 빈손이 되지만, 부를 올바로 쓰는 자는 그것을 삶의 의미로 바꾼다.

아무리 힘들게 고생하며 모았다 하더라도, 죽음은 결코 그 부를 지켜주지 않는다. 우리가 남기는 것은 부 그 자체가 아니라, 그것을 사용한 흔적이다.

죽음은 우리에게 묻는다. "그대는 그 돈을 어떻게 사용했는가?" 죽음이 가져가는 건 그 질문에 대한 우리의 대답뿐이다.

---

t'other[tʌðər]: the other. 축약형 / **t'other World**: the other world. '저세상'을 뜻함

어느 대장장이의 기이한 맹세

우리 동네 대장장이가 최근 아주 기이한 맹세를 했다.
"숨 쉬는 동안에는 절대 술을 마시지 않겠다!"
그런데 이제 와 보니 그의 속뜻을 알겠다. 내 생각엔
그 말은 술을 마시는 동안엔 숨을 쉬지 않겠다는 얘기였다.

Our Smith of late most wonderfully swore,
That whilst he breathed he would drink no more;
But since, I know his Meaning, for I think
He meant he would not breath whilst he did drink.

smith: 대장장이 / **of late**: 최근에, 요즘 / **swore**: swear(맹세하다)의 과거형 / **whilst**[hwailst]:
while. 고어체 / **since**: (회고적 용법으로 쓰여) 이제 와 보니 / **breath**: breathe(숨쉬다)의 시적
변이형. 당시에는 동사(breathe)를 명사형 철자(breath)로 표기하는 경우가 있었음

대장장이는 숨 쉬는 동안에는 절대 술을 마시지 않겠다고 선언한다. 언뜻 보면 대단한 결심처럼 보이지만, 그 속뜻은 어이없다. 술을 마시는 순간에는 숨을 참겠다는, 한낱 말장난에 불과했다. 결국 그 맹세는 금주가 아닌 음주를 위한 교묘한 변명이었다.

이 풍자는 인간이 자기 욕망을 어떻게 합리화하는지를 보여준다. 언어를 교묘하게 비틀어 죄책감을 피하고, 그럴듯한 약속으로 자신과 남을 속인다. 그러나 말의 표현이 아무리 화려해도 현실은 달라지지 않는다. 맹세는 삶으로 증명되어야 하는 것이다. 교묘한 말장난으로 얼렁뚱땅 넘어가서는 안 된다.

오늘날에도 이런 모습은 낯설지 않다. 변명과 핑계가 난무하고, 그럴 때마다 우리는 쓴웃음을 짓게 된다. 삶을 바꾸는 것은 거창하고 화려한 입놀림이 아니라 묵묵히 움직이는 손과 발이다. 변명과 핑계로는 결코 삶을 바꾸지 못한다.

10장

100년은 살 것처럼,
내일 죽을 것처럼

DAY 091 기대하지 않는 자는 복이 있나니

Blessed is he that expects nothing, for he shall never be disappointed.

기대하지 않는 자는 복이 있나니, 그는 결코 실망하지 않을 것이요.

사실 '기대'라는 것은 현실에 대한 일종의 가설과 같다. 하지만 세상은 우리의 가설대로 움직이지 않는다. 기대와 실망이 동전의 양면인 이유다. 높은 기대가 무너질 때 생기는 좌절감은 단순한 실패보다 더 큰 고통을 남긴다.

'기대하지 마라'는 말은 삶에 대한 냉소가 아니라 지혜다. 타인에게 많은 것을 바라지 않을 때 작은 배려에도 감사할 수 있고, 세상에 지나친 기대를 걸지 않을 때 지금 주어진 것에서 기쁨을 발견할 수 있다.

현대 사회는 끊임없이 더 많은 것을 기대하게 한다. 광고는 늘 무한 만족을 약속하고, 경쟁은 늘 더 큰 보상을 현상금으로 내건다. 그러나 그만큼 실망도 깊어진다.

관계에서든 일터에서든 지나친 기대는 불만으로 바뀌지만, 담담히 받아들이는 태도는 인생의 무게를 가볍게 해준다. 기대가 줄어들면 불행도 줄어든다.

Blessed is he that~: ~하는 사람은 복되다. 성경 문체를 차용함 / **expects nothing**: 아무것도 기대하지 않는다

달이 차고 기울 듯 운명도 그러하다

A Change of Fortune hurts a wise Man no more than a Change of the Moon.

현명한 자에게 운명의 변화란 달이 차고 기우는 것과 다르지 않다.

우리를 둘러싼 세상의 형편도 달의 모양처럼 변한다. 그래서 현명한 이는 변화 그 자체에 들뜨거나 상처받지 않는다. 변화를 이치로 받아들이기 때문이다.

어리석음은 좋은 때에 취하고, 어려운 때에 절망한다. 반면 지혜는 운의 파고에 자신을 묶지 않는다.

지혜는 습관이나 미덕, 기술 같은 통제 가능한 것은 붙들고, 통제 불가능한 것은 흘려보낸다. 역풍을 맞아도, 돛의 방향을 바꾸지 파도를 탓하지 않는다.

그래서 잠언은, 일이 줄어들면 지출은 줄이되 역량은 키우고, 관계가 차가워지면 서운해하기보다 신뢰의 통장을 다시 채우고, 건강이 흔들리면 절망하기보다 생활의 리듬을 고치라 한다.

변화에 흔들리지 않는다는 것은 감정을 지운다는 게 아니다. 대응 방식을 새롭게 한다는 말이다. 달이 기울면 다시 차듯 운명도 그렇다. 기울 때 마음까지 기울지 않는 사람, 그가 현명한 사람이다.

Change of Fortune: 운명의 변화 / **no more than**: ~와 다름없는, ~에 불과한

Love your Enemies, for they tell you your Faults.

네 원수를 사랑하라. 그들은 네 결점을 알려준다.

우리의 원수(적)는 가차 없이 우리의 약점을 파고든다. 불편하고 거슬리지만, 시각만 바꾸면 오히려 그들은 귀한 성찰의 거울이 된다. 비방 속에는 진실의 파편이 숨어 있기 때문이다. 그래서 지혜로운 사람은 그 불편한 거울을 통해 자신의 얼굴을 직시한다.

프랭클린에게 '원수를 사랑하라'는 말은 냉철하고 실용적인 지혜였다. 우리의 적은 우리가 감추고 싶은 부분을 정확히 찌른다. 물론 과장과 왜곡도 서슴지 않지만, 그럼에도 그러한 왜곡의 실마리가 어디엔가 있다는 뜻이다.

동료의 무심한 평가, 경쟁자의 날 선 비판, 심지어 온라인의 비난 댓글조차 귀 기울여 들으면 우리는 더 단단해진다. 적을 사랑해야 할 이유는 단순하다. 그들은 우리가 직면해야만 하는 진실을 '굳이' 알려준다. 적의 말이 불편할수록, 그곳에 나를 위한 더 나은 길이 있다.

Love your enemies: 네 원수를 사랑하라. 성경(마태복음 5:44)에서 차용함

진정 삶을 사랑한다면

Dost thou love Life? then do not squander Time; for that's the Stuff Life is made of.

그대는 삶을 사랑하는가? 그렇다면 시간을 낭비하지 마라. 삶은 시간으로 이루어져 있다.

삶은 곧 시간이다. 돈, 명예는 잃어도 다시 회복할 수 있지만, 흘러간 시간은 결코 돌아오지 않는다.

사람들은 흔히 시간을 배경처럼 여기지만, 사실 시간은 삶의 재료 그 자체다. 하루하루가 모여 평생이 되고, 순간들이 이어져 인생이 된다. 그래서 시간을 어떻게 쓰느냐가 곧 어떤 삶을 사느냐를 결정한다. 시간을 낭비한다는 말은 삶을 버리고 있다는 말과 같다.

현대 사회는 시간 도둑들의 전성시대다. 무한한 오락거리와 알고리즘이 던져주는 자극적인 정보들은 우리의 '삶의 재료'를 끊임없이 갉아먹는다. 진정한 삶을 위한 재료가 이렇게 사라지고 있다. 공허감이 짙게 남는 이유는, 우리가 그 재료로 아무것도 만들지 않았기 때문이다.

잠언은 묻는다. "그대는 삶을 사랑하는가? 그렇다면 시간을 어떻게 쓰고 있는가?" 기억하자. 삶을 사랑한다는 말은 곧 시간을 소중히 여긴다는 뜻이다.

Dost thou: Do you. 고어체 / **then**: 의문문 뒤에 소문자로 쓰여, 앞 절의 논리적 결과를 잇는 연결어 역할을 함. 당시의 표현 방식임 / **squander**[skwándər/skwɔ́n-]: 탕진하다, 허투루 쓰다 / **stuff**: 재료, 본질 / **the Stuff Life is made of**: 삶을 만드는 재료. '삶의 본질' 또는 '삶의 구성 요소'의 의미

만족의 힘

Content is the Philosopher's Stone, that turns all it touches into Gold.

만족은 손이 닿는 모든 것을 금으로 바꾸는 현자의 돌이다.

욕망은 끝없이 더 많은 것을 요구한다. 부족하다는 감각이 늘 살아 있어서, 아무리 가져도 부족하다. 그러나 만족은 지금 손에 쥔 것을 풍요롭게 한다. 작은 집은 안식처가 되고, 소박한 식사는 감사의 자리로 바뀐다. 결국 우리 삶의 가치는 외적 소유가 아니라 내면의 태도가 결정한다.

그렇다고 만족이 체념의 의미인 건 아니다. 만족은 '게으른 포기'가 아니라, 현재를 긍정하는 '능동적 선택'이다. 욕망에 사로잡히면 끝없이 채워도 늘 부족하지만, 만족을 배운 사람은 어떤 순간에도 충만함을 경험한다.

잠언은 우리에게 묻는다. "아직도 현자의 돌을 찾고 있는가, 아니면 이미 가진 것을 금으로 바꾸고 있는가?" 만족하는 마음이야말로 삶을 황금으로 바꾸는 진짜 연금술이다.

---

content: 만족(contentment). 당시에는 '만족, 자족, 마음의 평안'의 의미로 자주 쓰였음. 오늘날에는 '내용, 목차' 등의 의미로 주로 쓰임

DAY
097

반드시 추해지는 얼굴

Virtue may not always make a Face handsome, but Vice will certainly make it ugly.

덕이 언제나 얼굴을 아름답게 만드는 것은 아니지만, 악덕은 반드시 추하게 만든다.

덕을 지녔다고 모두가 미인, 미남으로 바뀌진 않는다. 그러나 탐욕, 교만, 거짓, 잔혹함 같은 악덕은 표정을 일그러뜨리고, 말투와 태도에도 스며든다. 결국 사람은 자기 내면을 얼굴로 드러내게 된다. 시간이 지날수록 그 차이는 더욱 분명해진다.

"마흔이 넘은 사람은 자신의 얼굴에 책임을 져야 한다." 에이브러햄 링컨의 말이다. "쉰이 되면, 누구나 자기 삶이 빚어낸 얼굴을 가지게 된다." 이는 조지 오웰의 말이다. 우리의 마지막 얼굴은 타고난 외모나 꾸밈의 수준이 아니라 살아오면서 쌓아온 덕과 태도의 결과다.

기억하자, 악덕은 반드시 자신의 추함을 밖으로 드러낸다는 사실을.

may not always: 언제나(항상) ~하는 것은 아니다

For Age and Want, save while you may;
No morning Sun lasts a whole Day.

늙고 없을 때를 대비해 할 수 있을 때 아껴 모으라.
아침 햇살은 하루 종일 비치지 않는다.

젊을 때 절약하고 저축하는 것은 미래의 불확실성에 대비하는 책임감 있는 행동이다.

건강할 때 나쁜 습관을 다스리지 않으면 노년에 고통이 커지듯, 경제적, 정신적 대비도 미리 해두어야 한다. 준비 없는 풍요는 아침 햇살처럼 짧다.

또한 '저축'은 돈에 국한된 문제가 아니다. 지혜, 경험, 신뢰 같은 무형의 자산도 평소 쌓아두지 않으면, 필요할 때 꺼내 쓸 수 없다. 어려움의 시기에 우리를 지켜주는 것은 돈만이 아니다. 그동안 가꿔온 인간관계와 삶의 태도 역시 우리를 지켜주는 울타리다.

미래 따위 모르겠다며 순간의 즐거움에 모든 걸 허락하고 싶어질 때 이 잠언을 기억하자. 아침 햇살에 취해 하루가 끝까지 밝을 거라 믿는 것은 가장 대표적인 어리석음이다. 현명한 사람은 오늘의 풍요를 내일의 버팀목으로 바꾼다. 지금의 절제가 미래의 자유를 보장한다.

age, want: 노년, 결핍·빈곤 / **save while you may**: 할 수 있을 때 아껴라(저축하라)

나쁜 자들을 눈감아주면

Pardoning the Bad, is injuring the Good.

나쁜 자들을 눈감아주면 선량한 사람들이 다친다.

용서는 분명 미덕이다. 하지만 무분별한 용서는 정의를 무너뜨린다.
악을 방치하면 악은 더 대담해지고, 결국 공동체 전체가 상처 입는다. 마땅히 제재받아야 할 이가 자유롭게 돌아다니면, 선량한 이들은 불안해지고, 그들이 정의롭게 살기 위해 노력했던 그간의 세월은 허무해진다.
그래서 진정한 정의는 때로 단호한 단죄 속에서 피어난다.
부정과 부패를 눈감아주면 정직한 이들이 좌절하고, 결국 조직과 사회는 불신에 잠긴다. 그래서 용서와 관용은 감정의 영역이 아니라 선(善)을 지키기 위한 이성적 선택이어야 한다.
잠언의 메시지는 명확하다. 나쁜 자를 눈감아주는 것은 곧 선한 자를 해치는 일이다.

pardon: 용서하다, 사면하다 / **injure**[índʒər]: 해치다, 손상시키다

100년은 살 것처럼, 내일 죽을 것처럼

Work as if you were to live 100 years, Pray as if you were to die To-morrow.

100년은 살 것처럼 일하고, 내일 죽을 것처럼 기도하라.

일에서 중요한 건 지속성과 책임감이다. 오늘 끝날 인생이라면 장기적 안목도, 꼼꼼한 준비도 필요 없다. 그래서 "100년을 살 것처럼 일하라"는 건, 하루하루 성실히 일하며 장기적 열매를 바라보라는 뜻이다. 미래가 있는 성실한 일상은 우리 삶을 지탱해준다.

"내일 죽을 것처럼 기도하라"는 건, 오늘이 마지막일 수 있다는 긴장감과 진지함으로 자신을 돌아보라는 말일 테다. 신 앞에서든, 양심 앞에서든, 언제 어디서든 자신의 인생 결산서와 마주할 준비를 하라는 뜻이다. 비전이 없는 오늘은 공허하고 성찰이 없는 오늘은 경박하다. 긴 호흡의 책임감과 순간의 진실함이 함께할 때, 인생은 흔들리지 않는다.

일은 100년을 살 것처럼 단단하게, 마음은 내일이 마지막인 것처럼 진실하게. 이 두 태도의 아름다운 긴장감은 우리를 새로운 지혜로 이끈다.

as if you were to: (네가) 마치 ~할 것처럼

Think of three Things, whence you came, where you are going, and to whom you must account.

세 가지를 생각하라. 어디서 왔는지, 어디로 갈 것인지, 누구에게 해명해야 하는지.

잠언은 세 개의 질문으로 인생을 압축한다.

"어디서 왔는가?" 삶의 근원을 묻는다. 인간은 스스로 태어난 존재가 아니다. 부모, 공동체, 그리고 더 큰 힘 속에서 주어진 생명이다. 이 질문은 교만이 아닌 겸손과 감사의 태도를 일깨운다.

"어디로 가는가?" 삶의 목적을 묻는다. 인생은 정지된 현재가 아니라, 끝을 향해 흘러가는 과정이다. 목적이 없는 삶은 방황일 뿐이다. 방향을 잡고, 가야 할 길을 선택해야 한다.

"누구에게 해명해야 하는가?" 살아온 날들에 대한 책임을 묻는다. 삶은 결국 자기 자신만의 것이 아니라, 타인과 사회, 더 나아가 자신의 양심과 신 앞에서 책임져야 하는 과정이다.

자신이 어디서 왔는지 모르면 교만해지고, 어디로 가는지 모르면 방황하며, 누구에게 해명해야 하는지 모르면 무책임해진다. 근원, 목적, 책임, 이 세 가지를 잊지 않는 것이 진정한 지혜다.

whence[hwens]: 어디서부터 / **account**: 설명하다, 해명하다. 법정에서의 심판이나 윤리적 평가의 뉘앙스를 가짐 / **to whom**: 누구에게

유클리오의 유언

"나는 주노라, 또 유산으로 남기노라" (늙은 유클리오가
한숨을 내쉬며 말했다.) "내 땅과 건물은 네드에게."
그럼 돈은요, 어르신? "돈이라니, 선생! 뭐, 전부 다?
아… 어쩔 수 없다면… (울먹이며) 폴에게 주겠네."
영지(領地)는요, 어르신? "영지라고? 잠깐!" 그는 소리쳤다.
"그건 안 돼. 그건 못 주네…" 그리고 숨을 거두었다.

"I give and I devise (old Euclio said,

And sigh'd) my Lands and Tenements to Ned."

Your Money, Sir? "My Money, Sir! what all?

Why—if I must—(then wept) I give it Paul."

The Mannor, Sir? "The Mannor! hold," he cry'd,

"Not that—I cannot part with that"—and dy'd.

I give and I devise: 나는 주고, (특히 부동산을) 유증한다. 법률·유언장에서 관용적으로 쓰이던
정형적인 문구로, 오늘날 일상 영어에서는 고풍스럽게 들림 / **tenement**[ténəmənt]: 집, 건물 /
what all?: 뭐, 전부 다? / **mannor**: manor[mǽnər](영주의 영지, 저택). 고어체 / **cry'd, dy'd,
sigh'd**: cried, died, sighed. 축약형 / **hold**: 잠깐, 멈춰 / **part with**: (소중히 여기는 것을)
내놓다, 포기하다

프랭클린은 죽음을 앞둔 한 구두쇠 늙은이(유클리오)의 유언 장면을 풍자적으로 묘사한다. 그는 유산을 남기는 듯 보이지만, 결국에는 욕망을 끊어내지 못했다.

먼저 땅과 건물은 네드에게 주겠다고 한다. 돈 이야기가 나오자 잠시 머뭇거렸지만, 울먹이며 결국 폴에게 주겠다고 한다. 그러나 영지 이야기가 나오자 그는 갑자기 소리치며 "그건 못 준다"고 외친다. 그러고는 숨을 거둔다.

이 시는 인간의 집착을 풍자한다. 죽음을 눈앞에 두고도 재산에 대한 집착을 버리지 못하는 모습은 우스꽝스럽지만, 동시에 뼈아픈 진실을 드러낸다. 우리는 결국 아무것도 가지고 갈 수 없는데, 마지막 순간까지 움켜쥐려 하기 때문이다.

죽음조차 소유의 집착을 끊지 못한다는 아이러니는 인간 욕망의 허망함을 여실히 보여준다. 유클리오는 마지막 순간까지 부의 노예로 살고 말았다. 이 짧은 시는 묻는다. "우리가 마지막 순간까지 움켜쥐려 했던 그 '영지'는 과연 우리의 삶을 구원할 수 있는가? 그 영지는 우리 삶에 대해 무엇을 증언할 것인가?"

하루하루를 크리스마스로 만들려면

어떤 즐거움에도 유혹당하지 말고, 어떤 이익에도 이끌리지 말고, 어떤 야망에도 타락하지 말고, 어떤 전례에도 흔들리지 않으며, 어떤 설득에도 넘어가지 말고, 그대가 악이라고 알고 있는 그 어떤 것도 하지 마라. 그러면 그대의 삶은 언제나 기쁠 것이다. 깨끗한 양심은 하루하루를 크리스마스로 만들어준다. 안녕히(Adieu).*

벤저민 프랭클린은 우리가 피해야 할 다섯 가지 유혹을 나열한다. 쾌락, 이익, 야망, 전례(前例), 설득. 이 다섯 가지는 우리를 끊임없이 뒤흔드는 힘이다.

쾌락은 순간의 즐거움으로 이성을 마비시키고, 눈앞의 이익은 양심을 매수한다. 야망은 명예와 권력을 미끼로 사람을 타락시키고, 전례는 '다들 하니까'라는 명분으로 악을 정당화한다. 설득은 그럴듯한 말로 판단을 흔들어 결국 스스로를 속이게 만든다. 결국 우리는 이 다섯 가지 유혹 앞에서 끊임없이 스스로를 증명해야 한다.

프랭클린은 단호하다. 어떤 합리화도, 타협도 허용하지 말라는 것이다. 악이라는 걸 아는 순간 그것은 이미 피해야 할 대상이다. 계산하거나 변명하지 말고, 그 즉시 물러서야 한다.

프랭클린이 이토록 단호하게 요청하는 이유는 명확하다. 다섯 가지 유혹을 이겨낼 때, 내면에서 절대적 평안을 누릴 수 있기 때문이다. 그는 깨끗한 양심이야말로 삶의 가장 큰 기쁨이라고 단언한다. 양심이 고요하고 흔들리지 않는다면, 세상의 그 어떤 부와 권력도 줄 수 없는 평안을 얻게 된다.

프랭클린은 이를 "깨끗한 양심은 하루하루를 크리스마스로 만들어준다"고 표현했다. 크리스마스가 어느 추운 겨울날을 환희와 평화의 온기로 따뜻하게 만들듯, 선한 양심도 우리의 힘들고 고된 하루하루를 기쁨과 평안으로 가득 채워준다.

'아듀(Adieu)'라는 인사도 가볍게 들리지 않는다. 작별 인사라 기보다는, 독자에게 보내는 진심 어린 축복처럼 읽힌다. 올곧은 삶을 살라는 당부와 함께, 그 길 위에서 같이 기쁨을 누리자는 초대.

잘못이라는 걸 알면서도 하는 순간, 우리 인생은 소란스러워지기 시작한다. 그러나 양심을 지키는 순간, 삶은 언제나 크리스마스처럼 평화롭다.

---

* 원문: Let no Pleasure tempt thee, no Profit allure thee, no Ambition corrupt thee, no Example sway thee, no Persuasion move thee, to do any thing which thou knowest to be Evil; So shalt thou always live jollily: for a good Conscience is a continual Christmass. Adieu.

* 단어장: **tempt**: 유혹하다 / **allure**[əlúər]: 매혹하다, 유인하다 / **corrupt**: 변질시키다, 타락시키다 / **sway**: 마음을 흔들다, 영향을 주다 / **any thing**: anything. 고어체 / **thou knowest**: you know. 고어체 / **jollily**[dʒálili]: 즐겁게, 유쾌하게 / **continual**: 계속되는, 연속적인 / **Christmass**: Christmas. 고어체

이혜진

영국 워릭대학교에서 국제정치학을 전공했다. 우리말과 외국어를 함께 다루는 번역에 매력을 느껴 글밥아카데미 수료 후 바른번역 소속 번역가로 활동하고 있다. 국제정치와 세계사에 특히 관심이 있어 국제정치학을 전공했고 전반적인 사회과학과 인문과학 분야에 두루 관심이 있다. 옮긴 책으로는《호루라기에 너무 큰돈을 쓰지 마라》《잘못된 전략》《불평등의 담론》《19세기 귀족 연감》《러시아 내전》《일단 앉아볼까요》가 있다.

tg 003

나를 지키는 문장 100일 원문 필사

: 벤저민 프랭클린이 25년간 모으고 다듬고 쓴, 인생 잠언집

초판 1쇄 발행 2025년 11월 28일

지은이 벤저민 프랭클린
옮긴이 이혜진

펴낸이 김성수
펴낸곳 여린풀
출판등록 제2024-000243호
이메일 tendergrass001@gmail.com
디자인 디스커버

ISBN 979-11-992406-4-3 (03190)

- 이 책은 저작권법에 따라 보호받는 저작물이므로 무단 전재와 복제를 금합니다.
- 이 책 내용의 전부 또는 일부를 사용하려면 반드시 여린풀의 서면 동의를 받아야 합니다.
- 잘못 만들어진 책은 구입하신 서점에서 교환해드립니다.
- 책값은 뒤표지에 있습니다.

어제는 새기고, 오늘은 누리고, 내일은 설레기 위해

벤저민 프랭클린 지음
이혜진 옮김

호루라기에 너무 큰돈을 쓰지 마라:
후회 없는 인생을 위한 프랭클린의 생활 철학

100달러 지폐의 주인공이자
가장 현실적인 생활 철학자
벤저민 프랭클린의
'인생을 대하는 태도'에 관하여

벤저민 프랭클린은 보통 '미국 건국의 아버지', '피뢰침 발명가' 등으로 기억되지만, 그의 진가는 어떤 상황에서도 더 나은 자신을 만들기 위해 노력했던 '인생을 대하는 태도'에 있다. 《호루라기에 너무 큰돈을 쓰지 마라》는 프랭클린이 남긴 자서전, 에세이, 편지, 잠언, 칼럼 등에서 '생활 철학'이라는 기준으로 글을 가려 뽑아 엮은, 후회하지 않는 삶을 위한 인생론이다.

"인간이 불행한 이유는
사물의 가치를 잘못 평가하기 때문이다"

"호루라기에 너무 큰돈을 쓰지 마라." 벤저민 프랭클린이 어릴 적 경험에서 얻은 이 교훈은 단순한 일화가 아니라, 우리 인생을 꿰뚫는 하나의 상징이다. 일곱 살의 프랭클린은 장난감 호루라기 하나에 자신이 가진 모든 돈을 내줬다. 보는 순간 너무 갖고 싶었고, 그 소리가 너무 신기하고 좋았다. 하지만 집에 돌아와서야 깨달았다. 그 호루라기에는 그만큼의 가치가 전혀 없었다는 것을.

우리는 크든 작든, 어떤 '호루라기'에 마음을 빼앗겨 시간을, 자유를, 관계를, 심지어 자기 자신까지 내어주고 만다. 프랭클린은 묻는다. "지금, 그대는 어떤 호루라기를 사고 있나요? 정말 그럴 만한 가치가 있나요?"

그래서 이 책은 어느 잘나갔던 옛사람의 단순한 사적 기록물을 넘어, 일상에서 마주치는 유혹과 실수, 후회와 깨달음의 과정을 통해 진짜 행복이 무엇인지를 성찰해가는 '생활 철학서'이다.